Andreas von Heßberg und Waltraud Schulze

Sommer, Sonne, Sand und Schlamm:
Mit dem Mountainbike quer durch Australien

oder:
„It's impossible! No Australian would do this!"

Bibliografische Information der Deutschen Nationalbibliothek:

Die Deutsche Nationalbibliothek verzeichnet diese Publikation in der Deutschen Nationalbibliografie; detaillierte bibliografische Daten sind im Internet über http://dnb.d-nb.de abrufbar.

Impressum:

Lektorat: Caroline Schnitzer, Christine Hoffner, Peter Schmid-Meil

Copyright © 2014 GRIN & Travel

Ein Imprint der GRIN Verlag GmbH

travel.grin.com

Vorwort

Australien ist für viele Europäer ein begehrtes Reise- oder gar Auswanderungsziel geworden. Aber warum eigentlich? Wir vermuten, weil es in Europa immer enger zugeht – sowohl gesellschaftlich, als auch geografisch. Während Deutschland mit etwa 230 Einwohnern pro Quadratkilometer ein relativ dicht besiedeltes Land ist, teilen sich in Australien nur knapp drei Einwohner einen Quadratkilometer.

Viele unendlich erscheinende Landschaften mit weiten Horizonten, weitgehend menschenleere Regionen im Landesinneren, aber auch traumhafte Badestrände und eine europäisch-asiatische Kultur in den Städten locken immer mehr zivilisationsmüde Besucher auf den fünften Kontinent. Passend dazu haben wir die Erfahrung gemacht, dass die Australier viele Dinge und Probleme des Alltags sehr viel gelassener sehen als wir Europäer. Der Ausspruch „*No worries, mate!*" kann beinahe als Lebensgefühl einer ganzen Nation gesehen werden.

Zumindest für Radreisende und Abenteuerhungrige bietet das australische Outback ungeahnte Möglichkeiten, sich und die Ausrüstung bis zum Rande des Machbaren zu treiben. Die grenzenlose Landschaft zu genießen, ist unglaublich – wenn auch manchmal Stacheldrahtzäune im Wege stehen. Die Ruhe und herbe Rauheit der Natur zu spüren, ist beeindruckend. Klar läuft man schnell Gefahr, dass die Landschaft zur bloßen Kulisse für die Bewältigung innerer oder alltäglicher Probleme reduziert wird. Allerdings denken wir, dass uns das nicht passiert ist –
schließlich sind wir Biologen und Ökologen und haben von vornherein besonders auf die Vorgänge in der Natur um uns herum geachtet. Als Hobbyfotografen ist für uns das Kleine und das Große am Wegesrand wundervoll und bedeutsam und wird nicht einfach links liegengelassen, weil wir den Spaß genießen, mit unseren Mountainbikes *offroad* fahren zu können.

Wir interessieren uns bei einer Reise sowohl für den sportlichen Aspekt und die Herausforderungen an das Abenteuer als auch für das Kennenlernen einer Landschaft und ihrer ökologischen Zusammenhänge. Insofern war auch die Durchquerung der australischen Wüste im Hochsommer kein reiner Selbsterfahrungstrip – wie manche meinen –, sondern einfach nur ein ambitionierter Reiseplan, der aufgrund unserer beruflichen Situation zu keiner anderen Jahreszeit stattfinden konnte.

Insofern wünschen wir euch viel Spaß beim Lesen unserer Reisereportage. Und stellt euch ein großes Glas kaltes, frisches Quellwasser bereit!

Andreas von Heßberg und Waltraud Schulze

Die Herausforderungen der Wüste

Fahrt durch die australische Wüste. Durch heftige Regenfälle allerdings auf teilweise matschiger Piste.

Der Kampf findet im Kopf statt

So manch einer wird sich jetzt fragen, welcher Wahnsinn uns geritten hat, ausgerechnet im australischen Hochsommer das Landesinnere und die Wüste zu durchqueren. Dazu noch mit Reise-Mountainbikes, sodass wir der Hitze noch stärker ausgesetzt waren, als in einem Auto mit Fahrtwind oder gar Klimaanlage. Nun, der Plan zu dieser Extremtour stand schon lange und wir schoben ihn seit einigen Jahren vor uns her. Dazu kam, dass wir eine solche Tour zeitlich nur zwischen Januar und März unterbringen konnten. Zu guter Letzt war es auch nicht unsere erste Radtour in einer sommerlich heißen Wüste. Nach Reisen in die Wüsten Gobi, Sahara, Kalahari und Namib konnten wir aus unserem Erfahrungsschatz schöpfen und das australische Abenteuer mit gutem Gewissen und Sicherheit angehen.

9

Für uns sind menschenleere Landschaften, ein weiter Horizont, karge und den Elementen intensiv ausgesetzte Regionen besonders faszinierende Reiseziele. Solche Landschaften mit dem Mountainbike zu befahren gibt uns die Möglichkeit, die ursprünglichen Kräfte der Natur kennenzulernen, mit diesen zurechtzukommen, sie für uns zu nutzen oder auch einmal zu umgehen, falls sie zu stark sind.

Wir kämpfen nicht gegen die erbarmungslosen Kräfte der Wüste, da dieser Kampf höchstens im eigenen Kopf stattfindet. Es ist immer nur eine Auseinandersetzung mit den eigenen Schwächen oder Unzulänglichkeiten. Die Natur ist für uns kein Gegner, auch wenn Außenstehende das oft nicht nachvollziehen können. Sich der Wüste elegant zu nähern und diese zu durchqueren war unser Ziel. Eine solche Auseinandersetzung mit der eigenen Psyche und Physis wäre mit einem motorisierten Fahrzeug nicht in gleicher Weise möglich gewesen.

Da wir auf Touren auch eine große Portion Spaß haben wollen und das erradelte Land möglichst intensiv kennenlernen möchten, machten wir häufig Pausen, fotografierten viel, ließen die Bikes auch mal liegen und erkundeten die Umgebung zu Fuß. Australien war nicht einfach nur die Kulisse für unsere sportlichen Ambitionen und die Bewältigung unserer Schwächen und Alltagsprobleme. Das würde der grandiosen Natur nicht gerecht werden.

Skifahrende Kängurus auf den nächsten acht Kilometern?

Hitzekoller und Dauerdurst

Der menschliche Körper ist offensichtlich in erstaunlichem Maße dazu fähig, durchlittene Qualen und Entbehrungen in kürzester Zeit auszugleichen. Kaum hatten wir an den heißen Tagen unseren Durst gelöscht und uns für eine Stunde unter einen großen Eukalyptusbaum gelegt, waren wir wieder voller Tatendrang. Das Einzige, was uns bremste, war die Temperatur außerhalb des wertvollen Schattens. An diesem Tag war es wieder unglaublich heiß, wobei heiß eigentlich nicht das richtige Wort für die sommerliche Wetterlage im Zentrum Australiens ist. Aber wie soll man es sonst nennen? Temperaturen über der 35°C-Marke gelten zu Hause sofort als tropische oder wüstenhafte Hitze.

In der australischen Wüste allerdings war es extrem trocken. Das machte die Temperaturen angenehmer. Dennoch ließ sich nicht verleugnen, dass wir im Hochsommer in Australien waren und immer weiter ins Landesinnere vordrangen – in die Wüste. Außerdem fuhren wir mit Mountainbikes auf dem schwarzen und die Hitze zurückstrahlenden Asphalt oder auf dem sandigsteinigen Untergrund der Outback-Pisten.

11

Gegen die Hitze halfen uns unsere australischen Outback-Hüte, die Acubras, auch nicht viel. Die Strahlungshitze von oben und unten war weit jenseits dessen, was für den menschlichen Körper erträglich ist. Wir mussten daher unseren Tagesrhythmus der Temperatur anpassen, denn bei über 40°C wurde jede unnötige Bewegung zur Qual. Bei Temperaturen von über 50°C bekamen wir unweigerlich Fieber. Unsere Körper waren nicht mehr in der Lage, durch bloßes Trinken die Körpertemperatur von 37°C aufrecht zu erhalten. Ohne eine ausgiebige Mittagspause ab etwa 11 Uhr, oft bis 16 Uhr in den späten Nachmittag hinein, hätten wir ernsthafte Probleme mit unserer Gesundheit bekommen. An einem Wüstentag maßen wir sogar 52°C – im Schatten!

Callitris-„Wald" mit den Bergen der Flinders Ranges im Hintergrund.

Aber nun zum Beginn unserer Reise.

Das Abenteuer beginnt

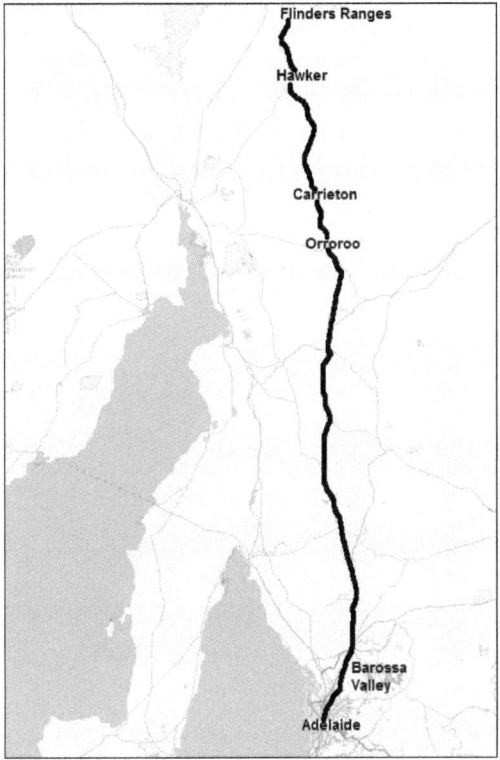

Route Teil 1. Quelle: OpenStreetMap und Mitwirkende, CC BY-SA

Farmland bis zum Horizont

An den beiden ersten Tagen unserer Radtour hatten wir Glück. In Adelaide/Südaustralien empfing uns eine vorübergehend kühle Wetterlage mit nur 20°C. So konnten wir uns optimal an das Klima anpassen – hatten doch in Deutschland bei unserer Abreise heftige Minusgrade geherrscht. Der erste australische Radtag vom Flughafen nach Norden war das reine Kilometerfressen, um zum vorgesehenen Abendessen bei Freunden in der Nähe des Barossa Valley pünktlich zu erscheinen.

Den zweiten Tag begannen wir erst einmal mit einem Großeinkauf. Die große Herausforderung danach war es, die 52 Kilogramm Proviant für die nächsten drei Wochen auf den beiden Fahrrädern zu verstauen. Die gesamte Ausrüstung musste optimal auf die acht Packtaschen und zwei Anhänger verteilt werden. Natürlich kam auch die Vorbereitung der ersten Tage auf dem Fahrrad mit Hilfe der Landkarten nicht zu kurz. Viele gute Ratschläge der Freunde, durchsetzt mit noch mehr Sorgen und Befürchtungen über unsere Reiseroute, begleiteten uns bei der Verabschiedung am nächsten Morgen. Selbst unsere australischen Freunde hielten uns trotz aller Beteuerungen und Darstellungen von früheren Wüstentouren für etwas verrückt. Ihr Hauptargument hieß immer wieder: „No Australian would do this!".

Unser großes Proviantpaket fürs Outback

Unsere erste Etappe führte uns von Adelaide über Oorroroo, Carrieton und Hawker zu den Flinders Ranges, einer großen Gebirgskette in Südaustralien.

Es war Mitte Januar und alle Getreidefelder waren abgeerntet. Die Landschaft nördlich von Adelaide wird durch riesige Farmen geprägt, auf deren Feldern hauptsächlich Weizen angebaut wird. Vor noch nicht allzu langer Zeit standen dort ausgedehnte und dichte Eukalyptuswälder mit einer reichhaltigen Flora und Fauna; übriggeblieben ist davon nur wenig. Die Kängurus werden als Futterkonkurrenten abgeschossen, wo immer das möglich ist – wenn sie nicht ohnehin dem Straßenverkehr zum Opfer fallen. Die Schafe fressen in großen Mengen die auf den Stoppelfeldern liegen gebliebenen Erntereste. Vereinzelt stehen zum Teil gigantisch große Gehöfte, einige dem Zerfall preisgegeben. Das Farmensterben findet besonders hier am Rand des Outbacks statt.

Die kleineren oder größeren Ortschaften, wie Burra, Petersborough, Oorroroo oder Hawker, sind nur eine Durchreise wert. Neben einer Tankstelle und einem Supermarkt, einem kleinen Heimatkundemuseum oder einer ‚Historical Site' in Form einer verrosteten Lokomotive, einer alten Getreidesortieranlage oder einem Mühlstein gibt es nichts wirklich Wichtiges zu entdecken.

Teile des australischen Outbacks sind menschenleer. Viele Regionen werden auch verlassen, weil es keine Arbeit und keine Zukunft dort gibt. Ein Glück für die Natur – sie erobert sich alles wieder zurück.

Unser Interesse galt vor allem funktionierenden Kühlschränken. Wir gönnten uns in jedem Ort und an jeder Tankstelle ein kühlendes Eis oder Erfrischungsgetränk. Die Hitze machte uns ziemlich zu schaffen. Unsere Haut war die Sonne noch nicht gewohnt und wir mussten langärmelig fahren, um nicht von der heftigen UV-Strahlung gegrillt zu werden. Das Gesicht und die Handrücken versorgten wir ständig mit einer Sonnenschutzcreme – Schutzfaktor 50+.

Wenigstens war die Landschaft nicht besonders bergig, allerdings gab es gelegentlich heißen Gegenwind aus Norden. Mit den Anhängern und dem vielen Proviant für die ersten drei Wochen schafften wir gleich zu Beginn unserer Reise einen Tagesschnitt von 110 Kilometern. Allerdings war die Asphaltoberfläche sehr rau und wir kamen nicht so schnell voran, wie wir anfänglich dachten.

Weite Horizonte dominierten die Landschaft vor uns.

Natur pur in aller Frühe: Wallabies und Tannenzapfenechsen

Wenn wir früh morgens mit dem ersten Dämmerlicht unterwegs waren, lange bevor die ersten Autos auf der Straße waren, sahen, hörten und fühlten wir die erwachende Natur mit allen Sinnen. Das intensive Erleben der Landschaft ließ uns schnell vergessen, dass uns der Wecker schon um 4:15 Uhr aus den Träumen gerissen hatte – und das im Urlaub. Die morgendliche Kühle strich uns über die Haut und hielt das Gesicht ausnahmsweise trocken, ohne dass sich ständig Salzkrusten vom Schweiß auf der Stirn und den Wangen bildeten. Wir

16

waren begeistert von der Vielzahl an Vogelstimmen, die nur am Morgen zu hören waren. Wir sahen Kängurus, Wallabies, Dingos, Schlangen, Eidechsen, Emus, Schwärme von Kakadus, Papageien und Sittichen.

Am stärksten beeindruckte uns jedoch die skurril und urzeitlich aussehende Tannenzapfenechse (*Tiliqua rugosa*), die wegen ihrer schuppenartigen Haut nicht nur so heißt, sondern sich auch so anfühlt. Aber Vorsicht: Die haben kräftige Kiefer! Waltraud versuchte trotzdem, eine sich wehrende Echse hinter den Vorderbeinen und am Rücken festzuhalten. Da sie schließlich für den Fotografen fixiert war, blieb ihr nichts anderes mehr übrig, als böse herumzufauchen.

Eine australische Tannenzapfenechse: Waltraud hat sie gefangen und musste aufpassen, nicht gebissen zu werden.

Die Schlangen, ob giftig oder harmlos, waren dagegen für unsere Kameras stets zu schnell von der Fahrbahn verschwunden. Nur die überfahrenen Exemplare ließen sich in aller Ruhe fotografieren.

Überfahrene Schlangen am Straßenrand ermahnten uns, stets ein Auge offen halten zu müssen, sobald wir mal in die Büsche mussten.

Another Bloody Village

„Schon mal was von Carrieton gehört? Nein? Kein Wunder. Wir auch nicht."
Hier endet scheinbar die Zivilisation, so wie wir sie kennen. Hier endet die Asphaltstraße aus Richtung Oorroroo. Carrieton besteht aus einer Kapelle, einem Hotel mit Pub, einem Briefkasten, einer kleinen Tankstelle mit einer Kühltruhe und leckerer Eiscreme, einer sauberen öffentlichen Toilettenanlage (fast schon Standard in jedem australischen Dorf) und einem winzigen Pool, um den herum der Rasen fein säuberlich gepflegt ist. Das Einzige, was wir brauchten, war Wasser zum Auffüllen unserer Depots. Aber hier schien momentan niemand zu wohnen. Nicht ein menschliches Geräusch war zu hören. Nur ein einsamer Hund bellte sich die Kehle wund. Wir standen im Zentrum des Geschehens, mitten auf der Straße vor der Tankstelle und fragten uns, wie wir an Wasser kommen sollten. Der Pool war abgeschlossen und mit einem hohen Zaun gesichert, die Waschbecken in der Toilettenanlage waren zu klein, um die Wassersäcke effektiv zu füllen, und freie Wasserhähne schien es keine zu geben. Da standen wir nun und wussten nicht weiter. Wir riefen in die

Leere dieses herausgeputzten, aber offensichtlich verlassenen Dorfes. Keine Antwort. Nur das aufgeregte Zwitschern eines großen Schwarms Zebrafinken versuchte uns von unseren Bemühungen auf der Suche nach Wasser abzulenken. Ansonsten war Totenstille in diesem Dorf. Wir fragten uns schon, ob wir in einem Freilichtmuseum gelandet waren.

Verlassenes Hotel am Rand der Straße bei Carrieton

Wenn irgendwo Wasser vorhanden ist, sind auch Zebrafinken nicht weit. Wir mussten also nur den kleinen Schwarm dieser bunten Prachtfinken beobachten. Bald beruhigten sich die Vögel und ließen sich von unserer Nähe nicht mehr stören. Danach mussten wir ihnen nur noch folgen! Diesen kleinen Trick sollte man unbedingt kennen, wenn man im australischen Outback unterwegs ist.

Hinter einer Oleander-Hecke tropfte tatsächlich ein Wasserhahn an einer Hauswand. An der kleinen Tropfmulde im Sand tankten die Zebrafinken auf und versorgten so ihre oft viele Kilometer entfernten Jungen. Dank unserer Zange im Werkzeugtäschchen war der rostige Wasserhahn mit einem kräftigen Ruck offen und wir konnten endlich alle Wasserdepots in unseren Anhängern auffüllen. Bei den Finken bedankten wir uns damit, dass wir eine große, gefüllte Pfütze hinterließen, die den Vögeln noch ein ausgiebiges Bad ermöglichte.

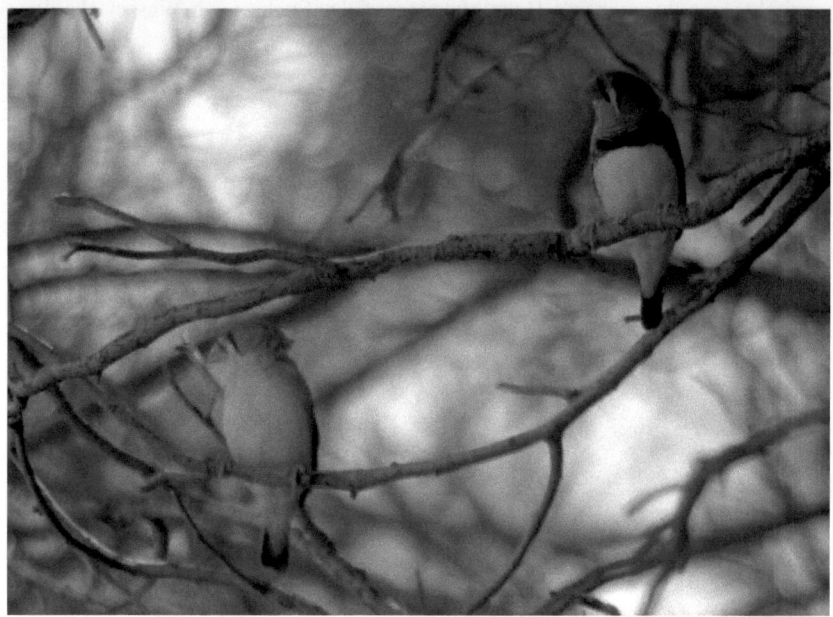

Zebrafinken: links das Weibchen, rechts das Männchen

Flinders Ranges

Mittagspause am Wilpena Pound

Ab Hawker hatten wir für einen Tag richtigen Asphalt unter den Mountainbike-Reifen, so kamen wir einfacher voran. Dafür wurde die Landschaft hügeliger und somit schweißtreibender. Ab 9 Uhr früh wurde es warm, ab 11 Uhr unerträglich heiß. Die Landschaft änderte aber nicht nur ihr Relief: Das gelbbraune Farmland verschwand mehr und mehr von der Bildfläche, für den Getreideanbau ist es dort zu trocken. Dafür überwog nun die Schafzucht. Aus dem bisher durchfahrenen Gras- und Buschland wurde ein lockerer Baumbestand, manchmal sogar ein dichter Eukalyptus-Callitris-Wald, je nach Hanglage oder Entfernung zur nächsten Grundwasser-Ader.

Calitris- und Eukalyptus-Bäume

Je näher wir den Flinders Ranges kamen, desto steiniger wurde der Untergrund und desto mehr Grundwasser und somit dichtere Wälder gab es. Eigentlich war es nach 11 Uhr zu heiß zum Radeln. Längst hätten wir einen schattigen Platz aufsuchen und unsere Mittagspause einlegen müssen, aber noch gaben wir nicht auf – das Ziel war schon ausgeschildert. Gerade noch rechtzeitig vor dem Hitzekollaps erreichten wir schließlich das Tourist Information Center des Nationalparks Flinders Ranges.

Am Eingang zum Flinders Ranges Nationalpark

Wir waren erwartungsgemäß nicht die einzigen Touristen dort, dazu ist der Park zu bekannt. Aber jetzt im Hochsommer war erfreulich wenig Betrieb. Für uns war es erst einmal überlebenswichtig und entscheidend, dass es kühle Getränke und viel Schatten gab. Der Schatten stammte nicht von einem Baum, so wie in den letzten Tagen, sondern von einem großen Dach – das kühlte doch erheblich besser. Nach zwei Stunden der Regeneration und der Ruhe verspürten wir bereits neuen Tatendrang. Die Fahrräder ließen wir am Büro stehen und machten uns zu einer Wanderung in den Park auf. Die riesigen Exemplare der Eukalyptusart Red River Gum (*Eucalyptus camaldulensis*) und die meterhohen Büsche im Unterholz warfen einen angenehmen Schatten auf den Weg und halfen so dabei, die Tagestemperaturen von weit über 40°C zu ertragen.

Dazu kamen wir an einigen Wasserlöchern, kleinen Tümpeln und einem langsam fließenden Bach vorbei. Überall war die Luft erfüllt vom Vogelgezwitscher der auch bei uns in Europa bekannten australischen Prachtfinken und Sittiche.

An den wenigen offenen Wasserstellen in den Flinders Ranges tummeln sich
viele Vögel und Schmetterlinge.

Nach einigen Kilometern verließ der Pfad leider das schattige Unterholz und
führte am Berghang steil hoch zu einer Aussichtsplattform. Hier kochte die
Luft geradezu. Wir mussten uns Tücher vor den Mund binden – nicht gegen
den Staub oder gegen Mücken, wie man denken könnte. Nein – gegen den
Feuchtigkeitsverlust beim Ausatmen! Das Einatmen durch das feuchte Tuch
reizte unsere Atemwege weit weniger als diese kochende Luft. Kein anderer
Tourist war weit und breit zu sehen. Die waren alle am Morgen gekommen
und saßen nun wieder in ihrem klimatisierten Reisebus. Auf der Aussichtsplattform genossen wir dennoch das phantastische Panorama auf die einzigartige Landschaft des Wilpena Pounds, dessen Kraterrand den gesamten Horizont einnahm. Der Wilpena Pound ist über die letzten Millionen von Jahren als
Krater erodiert, weil die Berge und Felsen des heutigen Kraterrandes aus
Quarzit bestehen und deshalb nicht so schnell verwitterten. Das weichere Ge-
stein ist über die Zeiten herausgewaschen worden und so entstand eine von
Hügeln und Felsen umgebene Ebene – etwa acht Kilometer lang und etwa vier
Kilometer breit. In dieser Senke sammelt sich in der Regenzeit viel Wasser aus
der sie umgebenden Hügel- und Felskette. Dementsprechend üppig ist hier die

Vegetation und folglich die Tierwelt. Der einzige oberflächliche Ausgang für das Wasser ist die kleine schattige Schlucht, durch die wir gekommen waren. Nach der einförmigen Agrarlandschaft im Süden fühlten wir uns endlich in Australien angekommen. Nur die Hitze jagte uns bald wieder von der Aussichtshöhe zurück in den kühlen Schatten der großen Bäume.

Große Eukalyptus-Bäume spenden viel angenehmen Schatten.

An den Hängen der Flinders Ranges steigt die Temperatur in der Mittagszeit über die 50°C.

Ein weiterer heißer Tag

Nachdem wir das Besucherzentrum am Eingang einer kleinen Schlucht hinter uns gelassen hatten, war es allerdings auch mit der üppigen Vegetation schnell wieder vorbei. In den späten Nachmittagsstunden zeigte das Thermometer noch immer weit über 35°C und der tagsüber aufgeheizte Asphalt strahlte kräftig zurück. Immerhin mussten wir nicht die Straße benutzen, die auch alle anderen Touristen für die Weiterfahrt nach Norden befuhren. Einer der Park-Ranger gab uns den super Tipp, dass wir als Radfahrer auch die kleinen *gravel roads* (Kies- und Sand-Pisten) im Nationalpark verwenden dürften. Er zeigte uns auf einer Karte des Parks eine ideale Piste nach Norden, ohne jeden Kontakt zu den Asphaltstraßen. Auf der Strecke bis hoch zur Hauptstraße B83 nach Marree gäbe es sogar einen Wassertank auf halber Strecke und mit hoher Wahrscheinlichkeit sogar einen kleinen Fluss. Er hatte allerdings keine Lust, für uns extra bis zum verschlossenen Tor zu fahren und meinte, wir sollten die Fahrräder und das Gepäck einfach drüber heben oder unten durch rutschen. Am Schluss warnte er uns noch davor, in den Creeks, den ausgewaschenen

25

und ausgetrockneten Flussbetten, zu zelten. Das seien oft die flachsten und verlockendsten Zeltplätze, aber auch die gefährlichsten, weil plötzliche Flutwellen keine Zeit mehr ließen, die Ausrüstung in Sicherheit zu bringen. So schwitzten wir uns nun auf der *fire management road* durch die Flinders Ranges.

Auf einer einsamen Piste in den Flinders Ranges unterwegs – gesäumt von gewaltigen Eukalypten.

Riesige Eukalypten standen in einer parkartigen Landschaft. Diese Bäume verlieren alle paar Jahre ihre äußere Borke, die dann in langen Fetzen am Stamm herunterhängt oder als großer trockener Haufen am Fuße des Stammes liegt. Dieses Rindenmaterial brennt zwar beim nächsten Buschfeuer, aber es brennt nicht schnell und nicht heiß. Zudem ist das brennbare Material direkt auf die Region am Stamm reduziert, sodass die Flammen nicht so leicht am Baum hochwandern können.

Ein vom Buschfeuer und dem Alter gezeichneter Stamm eines großen Eukalyptus

Das verhindert wiederum, dass die überlebenswichtigen Blätter zerstört werden, zumal diese das Eukalyptusöl beinhalten und deshalb schnell und sehr heiß brennen würden, was die gesamte Pflanze stark oder gar tödlich verletzen würde. Buschfeuer sind in fast allen australischen Wäldern ein essentieller Bestandteil der ökologischen Kreisläufe und werden von der Natur auch zyklisch benötigt, um die Regeneration oder die Auskeimung bestimmter Pflanzen zu ermöglichen. Klar ist jedoch auch, dass die Park-Ranger darauf achten, dass keine mensch-gemachten Feuer entstehen, denn ein abgebrannter Nationalpark ist für Besucher mehr als unattraktiv. Daher sind Verbrennungsmotoren und somit Autos auf den kleinen Pisten im Park verboten. An unserem Zeltplatz machten wir daher auch kein offenes Feuer, sondern arbeiteten nur mit unserem Benzinkocher.

Das Wasser für den Nachmittag, das Abendessen, das Frühstück und eine zusätzliche Reserve von zehn Litern hatten wir vom Besucherzentrum mitgebracht und in den Anhängern gebunkert. Da uns der Park-Ranger versicherte, dass in dem Wassertank weiter vor uns im Norden Wasser vorhanden sei, mussten wir nicht so sparsam mit dem kostbaren Nass umgehen. So gab es nach dem Abendessen nochmal einen Liter kalte Milch (aus Milchpulver) für jeden.

Hitze und Staub - ohne Schatten unterwegs im Norden des Flinders Ranges Nationalparks

Eine warme Dusche und der Duft nach Hustenbonbons

Am Morgen wurden wir von neugierigen Rosakakadus (*Eolophus roseicapilla*) geweckt, die auf den Bäumen über dem Zelt herumturnten und den Fremdkörper, also uns, in ihrem Revier entdeckt hatten. Die Lautstärke ihres Geschreis ließ uns nicht länger auf der Schlafmatte liegen.

Ein Rosakakadu, der uns am Morgen mit seinem Geschrei weckte.

Schon bald wurde das Müsli angerührt und die Trinkflaschen für die nächste Etappe gefüllt, auch wenn die Sonne noch nicht über dem Horizont stand. Da wir keinen Schlafsack zu verpacken hatten – wir schliefen nur mit einem Baumwolltuch – und nur unsere kurzen Hosen und Shirts überziehen mussten, waren wir wie jeden Morgen recht schnell wieder auf den Fahrradsätteln. Mit den ersten Sonnenstrahlen an den Bergspitzen waren wir wieder auf der Piste.

Eine besondere Herausforderung für uns war ein Abschnitt von mehreren Kilometern in einem trockenen Flussbett. Die großen Flusskiesel machten das Radeln fast unmöglich. Dafür waren wir in einer beeindruckenden Schlucht mit vielen kleinen Wasserlöchern, vielen alten Eukalypten und einer Fülle von bunten und lauten Vögeln. Immer wieder hielten wir an und beobachteten die Sittiche, Kakadus, Prachtfinken oder andere uns unbekannte Vogelarten. Ein dickes Vogelbestimmungsbuch hatten wir aber selbstverständlich dabei, sodass wir schnell die unterschiedlichen Arten erkennen konnten. Auch die Pflanzenwelt hatte einiges zu bieten. Die alles dominierende Art waren die Eukalypten. Aber Eukalyptus ist nicht gleich Eukalyptus. Es gibt unzählige Arten in dieser Pflanzenfamilie, genauer gesagt über 800. Alleine in der Region der Flinders

Ranges sollen über 15 Arten davon wachsen. Allerdings ist das auseinander-halten der Arten oft nur mit Hilfe der Blüten möglich, und zurzeit blühten leider kaum noch welche.

Schon gegen 10 Uhr wurde die Hitze wieder unerträglich. Vielleicht waren wir an diesem Tag auch zu langsam gefahren. Der von uns produzierte Schweiß verdunstete sofort und fuhr als eine Art „Miefwolke" mit. Wir sehnten uns nach einem Bad oder einer Dusche – möglichst kalt. Stattdessen setzten wir auf jede Schweißschicht eine weitere Salz- und Staubkruste. Wie das aussah, ist nur schwer in Worte zu fassen. Es hatte ja auch etwas Belustigendes, wenn man sein Shirt auszog und es konnte von alleine stehen. Oder wenn man die Brille absetzte und man erkannte die Umrisse auf der Gesichtshaut. Kurz vor 11 Uhr erreichten wir endlich den großen Wassertank, von dem der Ranger gesprochen hatte. Hier suchten wir uns einen schattigen Platz für unsere drei Meter auf zwei Meter große Lkw-Plane, legten die Matten und das Baumwoll-tuch darauf und begannen unsere Mittagspause. Zuvor wollten wir allerdings noch eine kleine Nasswäsche wagen. Leider lag die Wassertemperatur im Tank bei etwas über 30°C, was den Erfrischungsfaktor doch stark reduzierte. Dafür konnten wir die erwähnte Kruste endlich von der Haut waschen. Um nicht noch heißeres Wasser aus dem Tank trinken zu müssen, füllten wir alle leeren Wassersäcke auf und legten sie unter ein nasses Handtuch in den Kernschatten eines Baums. Wir selbst hatten mit unserer großen Plane keinen richtig ge-schlossenen Schatten und mussten zudem während der Mittagsstunden dem Schatten des großen Baums hinterherwandern. Von uns aus gesehen wanderte die Sonne im Norden von Ost nach West. Das mussten wir beim Errichten des Lagers berücksichtigen.

Wir lösten Mineraltabletten auf und tranken viel. Das Thermometer, das wir in den Ast über uns gehängt hatten, zeigte gegen 13 Uhr schon über 50°C an. Bewegungsunfähig lagen wir fast nackt unter den feuchten Handtüchern und versuchten zu schlafen. Selbst die Bewegung zum Aufsitzen und Trinken ver-ursachte uns Schweißströme. Die Luft kochte außerhalb des Schattens, selbst die Zikaden gaben kaum noch ein Geräusch von sich. Die vielen Vogelstim-men vom Morgen waren eh schon längst verstummt. Die gesamte Natur hielt den Atem an und wartete auf den späten Nachmittag und die Nacht.

Es ging nur noch darum, irgendwie diese Mittagsstunden zu überleben und keinen unnötigen Tropfen Wasser zu verlieren. Das einzig irritierende für uns war, dass es mit steigender Hitze zunehmend nach Hustenbonbons roch. Die ätherischen Öle der Eukalypten begannen bei dieser Hitze zu verdunsten und die gesamte Landschaft mit ihrem Duft einzuhüllen. Na, eine Erkältung konnten wir uns so wenigstens sicherlich nicht holen.

Sven erkundet die Landschaft

Die Hitze war so unerträglich, dass wir selbst am späten Nachmittag keinen Elan mehr fanden, weiterzufahren. Neben dem großen Wassertank bauten wir unser frei stehendes Innenzelt auf und nutzten die angenehmeren Stunden am Ende des Tages, um im Hang oberhalb des Lagers zu wandern. Besonders die schon von unten zu erkennenden Grasbäume (Xanthorrhoea) waren heute unser Ziel. Sven nahmen wir übrigens auch mit, damit er etwas von der interessanten Flora kennenlernen konnte. Wie, Sie kennen Sven nicht? Sven ist unser Reisebegleiter. Er hat bereits fast alle Kontinente mit uns erkundet, war schon in der Mongolischen Wüste, mehrfach in Afrika, in Nordamerika, kennt die Halbinsel Kamtschatka und hat sogar eine eigene Internetseite, auf der er den neugierigen Kindern die von ihm bereisten Regionen, deren Tiere und Pflanzen erklärt.

http://www.mountainbike-expedition-team.de/sven/svend.html

Sven, unser Reise-Elch, und die Eidechse bewundern sich gegenseitig.

Die Dämmerung war auf dem 37. Breitengrad nur kurz. Kurze Zeit nach dem Sonnenuntergang war es auch wirklich dunkel. Das Besondere war der aufleuchtende Sternenhimmel. Einen so grandiosen Nachthimmel hatten wir bisher noch nie gesehen. Die Sterne und Sternennebel der Milchstraße leuchten hier besonders intensiv. Das kennt man aus Zentraleuropa schon lange nicht mehr oder höchstens aus sehr kalten Winternächten – in denen man sich allerdings nicht gerne mit einer Gartenliege raus legt und die Sterne betrachtet.

Abendstimmung im Norden des Nationalparks. Langsam gehen die Temperaturen wieder runter.

Am nächsten Morgen waren wir sofort wieder mitten im Pistenspaß und hatten schnell zwölf Kilometer hinter uns gebracht. Plötzlich fiel mir auf, dass an Waltrauds Lenker etwas anders war als sonst – etwas fehlte. Ich brauchte ein paar Sekunden, bis ich die bohrende Frage stellte: „Wo hast du denn heute den Sven hingesteckt?" Waltraud hielt an und schaute mich entsetzt an. „Der wird doch nicht etwa bei dem Gerüttel auf der Piste verloren gegangen sein?" Nein, das hätte sie gemerkt.

Dann kam ein anderer Gedanke auf: Wir hatten ihn gestern am späten Nachmittag mit auf den Hang genommen, um Fotos von ihm und den Grasbäumen zu machen. Dort stand er jetzt noch! Er hatte die ganze Nacht zwischen giftigen Spinnen und Schlangen verbracht und dann hatten wir ihn auch noch vergessen! Schnell packte Waltraud alle Taschen vom Fahrrad, kuppelte den Anhänger ab und raste die Strecke bis zu unserem Lager zurück. Ich wartete unter einem schattigen Eukalyptus fast eine Stunde bis zu ihrer Rückkehr.

Tatsächlich war das Auffinden von Sven nicht weiter schwierig. Er kletterte immer noch im Blätterschopf des weit und breit größten Grasbaums herum,

33

fand die Aussicht auf die Wald- und Buschlandschaft der Berge grandios und war überhaupt nicht sauer, dass wir ihn vergessen hatten. Nur waren wir jetzt effektiv mit einer Stunde Verspätung unterwegs, was aufgrund der Hitze ein echter Nachteil war.

Die Berge der Flinderskette endeten schlagartig. Es gab keine Vorberge oder Hügel, die sich anschlossen, sofort war es eben und absolut baumfrei. Wo sollten wir da für mittags einen Schatten finden? Wir hatten die Wüste endgültig erreicht – das meinten wir jedenfalls. Allerdings wächst sogar dort noch genug und die Jahresniederschläge sind zu hoch, um die Landschaft als wirkliche Wüste bezeichnen zu können. Aber jetzt im Hochsommer herrschte allgemeiner Wassermangel in der Region und alles war stark verwelkt, eingetrocknet oder abgefressen.

Wir durchfuhren eine steppenartige Landschaft mit nur wenigen Bäumen oder Büschen, also auch ohne schattiges Plätzchen.

Plötzlich sahen wir am Horizont einen riesigen *Road-Train* mit drei Anhängern mit hoher Geschwindigkeit nach Norden fahren, dort musste die Asphaltstraße B83 sein. Wir bekamen neuen Mut und vergaßen schnell die stundenlangen Strapazen auf der hinter uns liegenden Wellblechpiste im

34

Gegenwind. Unser Ziel war Parachilna, ein *Roadhouse* an der Straße nach Norden. Dort gab es endlich ein kühles Getränk. Ab dem Erreichen der angenehm zu befahrenden B83 mussten wir eigentlich nur noch lächerliche 22 Kilometer nach Norden, brauchten dafür aber ganze zwei Stunden!

Der heiße Gegenwind wurde immer stärker und der aufgewirbelte Staub wurde zur Qual. Wir mussten uns sogar einwickeln und abdichten – trotz der 40°C und der schweißtreibenden Treterei. Aber wir hatten keine Wahl, es gab keine Alternative, keinen Schatten auf den nächsten 50 Kilometern Strecke. Schließlich saßen wir total erschöpft und fast ausgedörrt unter dem Dach des *Road-house* und warteten bis 18 Uhr – so lange wie noch nie –, bevor wir weiterfuhren. Selbst um diese Zeit strahlte der Asphalt noch so viel Hitze ab, dass das Thermometer am Lenker 53°C zeigte.

Wir hatten noch viele schweißtreibende Kilometer vor uns.

Am Ende der Asphaltstraße angekommen

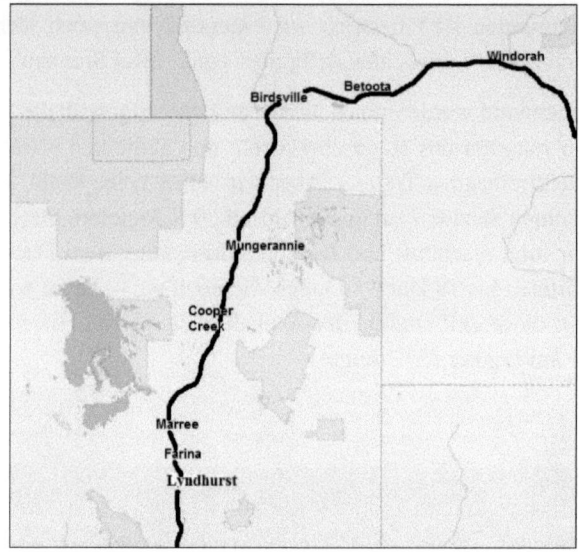

Route Teil 2. Quelle: OpenStreetMap und Mitwirkende, CC BY-SA

Schlangenplage, Erdbeben, Gegensturm mit Kohlenstaub

Neben der Piste gab es eine kleine Hecke, hinter der wir am Abend unser Zelt aufbauten. Direkt daneben befand sich ein etwa zwei Meter hoher Bahndamm, an den wir die Fahrräder lehnten. Auf diese Weise kamen wir bequem an die Packtaschen und es verringerte die Gefahr, dass sich irgendwelche kleinen Krabbeltierchen in den Ritzen der Taschen verkrochen. Noch lange nach Sonnenuntergang saßen wir auf der großen Lkw-Plane vor dem Zelt, beobachteten die Sterne und schrieben mit der Stirnlampe ins Tagebuch.

Plötzlich sah ich aus dem Augenwinkel eine Bewegung und sprang ruckartig auf. Direkt neben mir kroch eine große Schlange über den Boden. Auch im Schein der Lampe konnte ich nicht erkennen, welcher Art sie war, somit stuften wir sie sicherheitshalber als giftig und nicht vertrauenswürdig ein. Wir stampften auf dem Boden und die Vibrationen verscheuchten sie zum Glück schnell.

Danach wollte ich zu den Fahrrädern gehen, weil ich dort einen großen Holzstecken liegen sah. Auf dem Weg dorthin huschten allerdings gleich zwei Schlangen vom Steinboden davon. Die angenehmeren Nachttemperaturen wurden offenbar auch von den wechselwarmen Schlangen für die Nahrungssuche oder die Fortbewegung bevorzugt. Ich ging den Weg in Richtung Asphaltstraße weiter und entdecke im Lichtkegel meiner Stirnlampe immer mehr Schlangen. Das wurde mir nun zu unkalkulierbar, es wurde uns etwas mulmig zumute. Wir verschwanden deshalb im Innenzelt, dessen Reißverschlüsse wir sorgfältig verschlossen.

Die Nacht kühlte kaum. Am frühen Morgen, eine halbe Stunde vor Sonnenaufgang, waren es noch immer 27°C. Wir wachten nassgeschwitzt auf – obwohl wir fast nackt auf unseren Matten lagen. Wie sollte man da noch regenerieren? Zusätzlich waren wir um 2 Uhr früh durch den plötzlich stark vibrierenden Boden aus dem Schlaf gerissen worden. Im ersten Moment dachten wir an ein Erdbeben oder eine Lawine, allerdings war beides sehr unwahrscheinlich. Dann vernahmen wir das deutliche Geräusch von klapperndem Metall. Also irgendeine Maschine. Aber ein *Road-Train* hätte sehr viel schneller kommen müssen und den Boden weniger stark zum Vibrieren gebracht.

Dann ging uns ein Licht auf: Direkt neben unserem Zelt fuhr der berühmte *Ghan-Train* vorbei, dieser schmalspurige Kohlezug, der von den Kohlefeldern im Norden hinunter zu den großen Kraftwerken bei Port Augusta und Adelaide fährt. Die 250 vollbeladenen Waggons verursachten einen ohrenbetäubenden Lärm (der Zug fuhr etwa 60 Kilometer pro Stunde). Da war für mindestens 30 Minuten nicht an Schlaf zu denken – zumal wir ja auch direkt auf dem vibrierenden Boden lagen.

Wir nutzen mal wieder die etwas kühlere Luft am zeitigen Morgen aus.

Das nächste Tagesziel war Lyndhurst am Ende der Asphaltstraße. Vorbei an Leigh Creek und Coperey, zwei kleinen Städtchen, die komplett vom Kohletagebau leben. Riesige Regionen werden dort in Abraumhalden verwandelt, diese Mondlandschaft ist nicht zu übersehen. Der ständig zunehmende Gegenwind blies uns den Kohlenstaub ins Gesicht. Die Landschaft sah irgendwie deformiert aus. Allein die Größe der Bagger und Kohletransporter ist gigantisch.

Nur mühsam gewinnt die Natur die offenen Wunden zurück. An Wasser mangelt es besonders auf den Halden, da hier das Regenwasser sofort versickert, statt im Oberboden gespeichert zu werden und so für die Pflanzenwurzeln zur Verfügung zu stehen.

Der Wind wuchs im Laufe des Vormittags zum Sturm heran. Zusätzlich entstanden im Norden immer mehr Quellwolken. Die ersten Gänge unserer Speedhub-Nabenschaltung brauchten wir nun ausnahmsweise auch, um die Hügel hinabzufahren. Zwar fanden wir am Straßenrand zweimal große Pfützen mit sandigem Wasser – gut genug, um sich mit dem Hut zu duschen und das

Radtrikot nass zu machen –, aber wir sahen immer weniger Chancen, erfolgreich voranzukommen. Zusätzlich hatte der Sturm eine Lufttemperatur von 40°C!

Total erschöpft und dehydriert erreichten wir schließlich doch noch vor 12 Uhr mittags den Ort Lyndhurst. Auf der Rückseite eines der wenigen Häuser – geschützt durch ein Dach vor der senkrecht herunterknallenden Sonne – fanden wir Zuflucht. Wir waren so erschöpft, dass wir den Rest des Tages zum Ausruhen benötigten. Zumal war der Sturm inzwischen zum ausgewachsenen Monsungewitter mutiert und so heftig, dass von Norden her eine riesige Sand- und Staubwalze angerollt kam. Selbst die Autofahrer suchten Zuflucht in der kleinen Kneipe an der Tankstelle. Wenigstens war eine Tankstelle in der Nähe, wo wir uns mit kaltem Wasser und Eiscreme versorgen konnten. Die Hauswand hielt auch so viel vom Sturm ab, dass wir dahinter unser Zelt aufbauen konnten, ohne gleich Gefahr zu laufen, dieses in Fetzen davonfliegen zu sehen. Was für ein Glück!

Vermummungsgebot!

Am nächsten Morgen war alles windstill, die Vögel sangen, die Kakadus kreischten und die Temperaturen waren auf angenehme 25°C gefallen. Wir rollten ausgeruht und mit neuem Tatendrang auf die Piste. Für die nächsten drei Wochen gab es keinen Asphalt mehr unter den Reifen, jetzt waren wir im echten *Australian Outback* angekommen. Ab jetzt wurde nicht mehr in Einwohnern pro Quadratkilometer gerechnet, sondern in Quadratkilometern pro Einwohner. Mit den ersten Sonnenstrahlen erreichten wir Farina, eine verlassene und dem Zerfall überlassene Siedlung. Die Ruinen leuchteten in einem warmen orangen Morgenlicht.

Die Überreste der Häuser und verrosteten Anlagen der einst sehr wohlhabenden Siedlung 30 Kilometer nördlich von Lyndhurst waren inzwischen – wen wundert es – *National Historic Site* (kulturhistorische Sehenswürdigkeiten), wie vieles in Australien, was älter als 50 Jahre ist. Aber anders als bei uns war hier kein Zaun, geschweige denn ein Eintrittskartenverkäufer. Im Gegenteil, die Siedlung ist noch immer in Gebrauch: für Glasflaschenweitwurf, Pistolenschießübungen oder Geländewagenrennen.

Farina, eine verlassene und verfallene Siedlung im Outback. Nach 50 Jahren ist das Gelände bereits „National Heritage"!

Bevor wir uns durch die vielen Glasscherben einen platten Reifen holten, verschwanden wir lieber wieder auf die Hauptpiste, die war rau genug. Seit heute waren wir in der Wüste – zumindest, wenn wir die Dichte der Vegetation betrachteten: nur noch spärlicher Bewuchs, nur noch wenige Pflanzenarten und die Farbe Grün waren nur sehr selten zu sehen. Helle Brauntöne, Grau und Weiß herrschten vor. Die gleißende Sonne verstärkte den Eindruck noch. Der Schutz einer dunklen Sonnenbrille war aber nicht nur wegen der hohen UV-Intensität und des gleißenden Lichts notwendig. Denn wenige Stunden nach Sonnenaufgang fing das Gebläse aus Norden wieder an und wirbelte den Staub auf. Zusätzlich schützten wir uns vor einem Sonnenbrand am Kopf und Hals durch ein großes weißes Baumwolltuch, das wir möglichst immer feucht hielten, sobald die Temperaturen über die 40°C-Marke kletterten. Ja, und der Akubra, der typische australische Outback-Hut, durfte als Schattenspender auch nicht fehlen.

Früher hat sich hier der Getreideanbau noch gelohnt – jetzt ist es zu trocken.

Die 50 Kilometer von Farina nach Marree wurden zu einer stetig schlimmer werdenden Qual. Der Wind nahm stetig zu, obwohl wir gedacht hatten, der Sturm hätte die Atmosphäre gestern sauber gefegt. Bis 11 Uhr – es waren schon wieder 35°C – war die Sonne weitgehend hinter dichten Wolken verschwunden. Das trieb zwar die Temperaturen nicht mehr über die 40°C, aber deswegen kamen wir auch nicht schneller vorwärts. Nach unserer Karte waren es noch immer 25 Kilometer bis zum heutigen Etappenziel, also über zwei Stunden Fahrtzeit!

Glücklicherweise hatten wir von der letzten Tankstelle genug Wasser mitgenommen, sodass wir wenigstens weiter arbeiten konnten. Unsere Körper wurden zum Durchlauferhitzer. Alle 15 Minuten legten wir fünf Minuten Rast ein, alle 30 Minuten gab es einen Energieriegel. Der Wind hatte wieder Sturmstärke erreicht.

Die letzten Kilometer wurden zwar psychologisch dadurch etwas erleichtert, dass wir die Dächer von Marree sahen, aber Spaß machte es unseren ausgelaugten Körpern trotzdem nicht mehr. Dafür war der Drang, die Tankstelle und den angeschlossenen Laden zu erreichen, umso größer. Voll eingemummt mit Tuch, Brille und Hut, zudem noch verdreckt und verkrustet von dem Staub der Piste betraten wir die kühlen Räume der Tankstelle. Ein deutscher Verkäufer hätte jetzt vermutlich sofort auf den Alarmknopf gedrückt, der Kollege hier lachte nur und schüttelte den Kopf. Er hatte in den letzten Stunden bereits von uns gehört. Die wenigen Autofahrer auf dieser Strecke fungierten also auch als Nachrichtenreporter. Dieses Phänomen sollte uns noch öfter begegnen und seine angenehmen Seiten zeigen.

Wir schafften es beide ohne Probleme, zwei Liter kühle Milch hinunterzu-schütten, eine organisierte Reisegruppe junger Franzosen und Italiener schaute uns dabei mitleidig zu. Wir allerdings beobachteten deren Treiben mit den gleichen Gefühlen: Zu fünft in einem Allradfahrzeug mit all dem Gepäck, bei Staub und Hitze, mit dem Schweiß des Nachbarn im Gesicht, ohne Bewegung, die Landschaft nur aus dem Fenster erlebend und dafür den Urlaub opfern – das konnten wir nicht nachvollziehen.

Einöde oder Zweiöde (auf jeder Pistenseite eine ...)?

Auf dem berühmten Birdsville Track

Die Geschichte des Birdsville Track

Ein riesiges Hinweisschild am Beginn des Birdsville Track

In Marree fängt er an, der berühmte Birdsville Track. Wieso berühmt? Bis Marree reichte früher die Eisenbahn von Süden kommend (heutzutage durch riesige *Road-Trains* ersetzt), über deren Schienensystem die Rinder aus den nördlichen Landesteilen zu den Großstädten an der Küste im Süden und Südosten gebracht wurden – Kühlhäuser gab es damals noch nicht. Die großen Rinderherden im Norden und Inneren Australiens mussten also zu den Bahnhöfen getrieben werden. Da aber Rinder jeden Tag trinken müssen, musste entlang der benutzten Wege eine entsprechend lückenlose Versorgung mit Wasser garantiert sein. So entstand der Birdsville Track, der seinen Ursprung in Birdsville in Queensland hat und etwa 520 Kilometer in den Süden bis nach Marree führt, durch die Sturt's Stony Desert und einen Teil der Simpson Desert.

Für Radfahrer nicht immer nützliche Tipps auf einem Schild am Beginn
des Birdsville Track

Trotz der Bohrlöcher, die allerdings oft 80°C heißes artesisches Wasser liefer-
ten, war es ein beschwerlicher, riskanter und oft tödlicher Marsch für Tiere
und Menschen. Zu den Zeiten, als es noch keine geschobenen Pisten gab, waren alle Volkshelden, die diese Strecke zum ersten Mal mit Autos schafften.
Ebenso werden die verblichenen Schwarz-Weiß-Fotografien in Ehren gehal-
ten, die die ersten Lkw Fahrer zeigen, die nicht nur Versorgungsgüter und Post
aus der Außenwelt brachten, sondern auch die Informationsquelle für Nach-
richten aus den Städten darstellten.

Nun waren es noch 206 km bis zum nächsten Wasserloch.

Schlaflose Stunden im Toilettenhäuschen

Heutzutage existiert zum Glück eine geschobene und gewalzte Piste nach
Birdsville und darüber hinaus weiter nach Norden und Nordosten – wenn
nichts dazwischenkommt. Ja, und was kann in der Wüste schlimmstenfalls
dazwischenkommen? Richtig: Wasser! Die Nacht wollten wir auf einem kleinen Zeltplatz verbringen, damit wir am frühen Morgen mit vollen Wassertanks
in die Wüste aufbrechen konnten. Aber unser Zelt bauten wir gar nicht erst
auf: Es ging ein Gewitter auf Marree nieder, wie wir es noch nie zuvor erlebt
hatten. Die Blitze zuckten im Sekundenabstand krachend in der Umgebung
oder direkt auf dem Campingplatz herunter. Die Luft war erfüllt vom Knistern
der aufgeladenen Moleküle. Die Haare auf der Haut stellten sich senkrecht, der
Wind erreichte Orkanstärke. Wir hatten ja schon viele heftige Naturerschei-
nungen erlebt, aber das war uns eine Nummer zu heftig! Der Regen kam waag-
recht.

Wir bauten aus den Sitzgarnituren und schweren Holztischen der Veranda eine
Barriere gegen den Regen und Orkan auf. Uns kam es vor, als steckten wir

mitten in einer Straßenschlacht und müssten Hindernisse gegen anrückende Panzer errichten. Aber auch hinter den Barrikaden gab es kein trockenes Plätzchen mehr.

Unsere letzte Zuflucht war das Toilettenhäuschen. Nachdem wir die einzigen Besucher des Campingplatzes waren, verkrochen wir uns mit unseren Matten dorthin und verbrachten die Nacht wenigstens ohne zu ertrinken, davongeweht oder vom Blitz getroffen zu werden. Unsere Fahrräder und die restliche Ausrüstung waren hinter den Tischen auf der Veranda eingeklemmt und wurden währenddessen durchweicht. Unser neues Domizil vibrierte im Brüllen des Orkans, der Transformator am Strommast hinter der Kabine knisterte und gab blaue Lichtbögen ab und wir hörten Äste von den großen Akazien brechen. In den ersten Nachtstunden war an Schlaf nicht zu denken.

Wolken weißer Kakadus und schwarzer Fliegen

Beim ersten Licht des nächsten Morgens blickten wir aus unserem Wellblechhäuschen auf eine chaotische Seenlandschaft. Nichts war mehr so wie am Abend zuvor. Der gesamte Campingplatz war übersät mit Ästen, Holzsplittern, Stühlen, Tischen, Müll und bis zum Horizont mit Wasserpfützen. Die Ortschaft Marree war ohne Elektrizität. Wir suchten unsere Fahrräder zwischen und unter den Verandamöbeln hervor. Glücklicherweise fehlte nichts und nichts war beschädigt. Eine Sitzbank und ein Tisch waren schnell mit dem Handtuch trockengewischt und wir packten unser Frühstück aus.

Die Sonne kroch auch schon über den Horizont, es würde wohl wieder ein heißer Tag werden. Plötzlich kam der Campingplatzbesitzer und sah uns zwischen all den chaotisch aufgetürmten Gartenmöbeln gemütlich frühstücken. Er hatte sich wahrscheinlich ernsthafte Sorgen gemacht um seine einzigen Gäste. Jetzt war er nicht nur beruhigt, sondern sagte auch noch lachend: „You survived that, you will survive the track!" Wer so ein Gewitter überlebt und im Chaos dann auch noch gemütlich frühstückt, der schafft auch den Birdsville Track. Wir hatten ihm allerdings nicht verraten, wo wir übernachtet hatten. Die aufgestapelte Barrikade aus Tischen hatte er sicherlich dem Orkan zugeschrieben.

Die Piste nach Norden stand dank des leicht gewölbten Profils glücklicherweise nicht unter Wasser. Eine Stunde nach dem Sonnenaufgang war die Piste sogar wieder soweit abgetrocknet, dass wir wie auf Beton fuhren. Wir kamen gut voran. Der Wind drückte an diesem Tag mal nicht von vorne, aber auch nicht von hinten, es war tatsächlich einfach nur windstill. Das bedeutete aber bei über 40°C, in der eigenen „Miefwolke" zu fahren. Die Hitze machte uns im Laufe des Tages wieder mehr und mehr zu schaffen. Bis zum Mittag erreichte das Thermometer die 50°C.

Zu dieser Zeit saßen wir aber schon im Schatten eines großen Eukalyptus in einem trockenen Flussbett in der Nähe der Farm Clayton. Der alte schattenspendende Baum war nicht der einzige entlang des *Creeks*. Das zog natürlich sofort eine Vielzahl von Vögeln an. Am häufigsten und unübersehbar beziehungsweise unüberhörbar waren die vielen Kakadus der Art *Little Corellas (Cacatua sanguinea)*, die in so dichten Schwärmen über und neben uns flogen, dass sich der blaue Himmel weiß füllte – wie mit echten Wolken. Das Geschrei war fast nicht auszuhalten.

Der Australier nimmt die Fliegenplage im Outback gelassen:
„There are no flies on me, mate!"

Die schlimmsten Plagegeister des Outback waren jedoch die schwarzen Fliegen. Sie fuhren die ganze Zeit auf unserem Rücken, auf dem Hut oder auf den hinteren Packtaschen in unserem Windschatten mit. Kaum hielten wir an, waren unsere Gesichter von großen Schwärmen umgeben, die uns auf ihrer ewigen Suche nach Flüssigkeit belästigten. Endlich hätte ein heftiger Gegenwind auch einen Vorteil gehabt: Das Gesicht wäre frei von Fliegen gewesen.

Der Wüste ausgeliefert

Knochenarbeit und 80°C heiße Duschen

Selbst in dieser unwirtlichen Wüste leben Menschen. Nur sind deren Farmen etwas größer als alles, was wir im Süden gesehen hatten. Von den Farmern, die wir unterwegs trafen, erfuhren wir, dass eine Farm ohne weiteres 5.000 Quadratkilometer (500.000 Hektar) groß sein kann. Diese Fläche braucht der Farmer aber auch, um genug Vegetation für die überlebensnotwendigen 30.000 bis 40.000 Stück Rinder zu haben. Der jährliche Zuwachs von etwa 8.000 Rindern wird im Spätherbst verkauft. Pro Rind gibt es ungefähr 1.000 australische Dollar (1 Aus$ = 0,75 Euro). Mit diesen einzigen Einnahmen müssen alle laufenden Kosten des Jahres gedeckt werden, einschließlich der Löhne einer großen Anzahl von Arbeitern – da bleibt nicht viel übrig. Und es ist ein harter Job da draußen, abseits der Zivilisation.

Die Farmer haben den ganzen Tag zu tun. Langeweile oder gar die beschauliche Muße beim Anblick der grandiosen Natur überkommt hier niemanden, selbst am Sonntag nicht. Denn Feiertage gibt es nur dann, wenn der Lohn ausgezahlt wird. Kneipen gibt es auch nicht viele– genauer gesagt zwei auf einer Strecke von über 1.000 Kilometern. Offensichtlich wurden wir auch von einem Farmarbeiter aus der Ferne beobachtet, ohne dass wir es merkten. Und so eilte uns die Kunde unserer Anwesenheit auf dem Birdsville Track schon wieder voraus, wie wir kurz darauf merkten. Autos hatten wir den ganzen Tag keine gesehen.

Es gab einige Bohrlöcher entlang der Piste, die das artesische Grundwasser anzapften und die zur Versorgung des Viehs mit Wasser angelegt wurden. Das Wasser ist allerdings siedend heiß und riecht nach Schwefel – zum Trinken also nur in der größten Not geeignet. Die meisten Bohrlöcher waren verrohrt und ohne angeschlossenen Wasserhahn. Wie sollten wir da ans Wasser kommen?

Bei einer dieser Bohrstellen, die wir passierten, hatte sich der Installateur wohl einen Scherz erlaubt. Neben einem fachgerechten Wasserhahn in Hüfthöhe war gleich auch noch eine Dusche angebracht. Wir konnten der Versuchung nicht widerstehen und nahmen bei 50°C Außentemperatur eine 80°C heiße Dusche. Die Freude darüber währte aber nur wenige Sekunden. Hauptsache die Klamotten wurden ordentlich nass. Das kühlte in den nächsten zehn Minuten angenehm. Spätestens nach 15 Minuten waren die Trikots aber wieder pulvertrocken.

Heiße Dusche bei 40°C Außentemperatur

Als wir von unserer Dusche zurück zu den auf der Piste geparkten Fahrrädern kamen, bemerkten wir eine große grün-gelb gestreifte Eidechse unter einem der Anhänger. Die hatte offensichtlich schnell entdeckt, dass es dort einen angenehmen Schatten gab und diesen sofort besetzt. Etwas fürchtete sie sich anfänglich schon vor uns, denn sie wich unserer Kamera aus. So kam es, dass sie auf den Anhänger hochkletterte und dort auch sitzen blieb. Sie wollte sich einfach nicht verscheuchen lassen, also fuhr sie mit uns nach Norden. Offensichtlich hatte sie einfach nur nach einer Mitfahrgelegenheit gesucht. Zwanzig Minuten später sprang sie bei niedrigem Tempo ab und verschwand in der steinigen Landschaft.

Die Eidechse wollte offenbar unbedingt mitfahren.

Bald darauf sahen wir vor uns dicke Gewitterwolken aufziehen und wir waren zwischen der Hoffnung auf etwas Abkühlung und der Sorge vor dem damit meist verbundenen Sturm und dem Nasswerden hin- und hergerissen.

Wir beobachteten argwöhnisch den Verlauf des Gewitters vor uns.

Von wegen Wüste ... ein Feuchtbiotop ist das!

Am Abend bauten wir unser Zelt am Rand des Cooper Creeks auf, der zu dieser Jahreszeit kein Wasser führte. Hier fanden wir nicht nur eine größere Menge schattenspendender Bäume, sondern auch die entsprechende Anzahl Stech-
mücken, die in der Dämmerung aktiv wurden. Da blieb uns nichts anderes
übrig, als mit langen Klamotten vor dem Zelt zu kochen und dann mit dem
leckeren Gericht ins Zeltinnere zu verschwinden, um die Chitin-Beilage so
gering wie möglich zu halten. Die hiesigen Plagegeister übertragen zwar keine
Krankheiten, aber sie hätten es in ihrer Quantität geschafft, uns auszusaugen.

In den nächsten Tagen kamen wir noch an vielen Pfützen vorbei, so dass die
Moskitos für uns von nun an zur täglichen Qual (abends und morgens) wurden.
Im Norden gingen in den Nächten mehrere heftige Monsungewitter nieder.
Wir blieben glücklicherweise im Trockenen.

Große Ambosswolken türmten sich fast jeden Nachmittag im Norden auf.

Das Resultat dieser nächtlichen Schlacht am Wüstenhimmel bekamen wir bald zu spüren: Schlamm auf der Piste, Schlamm am Fahrrad und auf den Packtaschen, Schlamm in unseren Schuhen oder im Gesicht. Je weiter wir Richtung Norden fuhren, desto mehr glich die Wüste einer Seenlandschaft. Pfützen konnte man das nicht mehr nennen, was sich in den Senken angesammelt hatte.

Wenn die Piste durch so ein Wasserloch führte, so verlangte das nach einer neuen Fahrtaktik. Schnell hatten wir gelernt, dass man nur mit vollem Schwung in diese stehenden Gewässer hineinfahren durfte, kurz vor dem Stillstand dann alle Gänge herunterschalten musste (dank unserer Rohloff-Nabenschaltung war das auch möglich) und sich anschließend im kleinsten Gang aus dem Kleister der aufgeweichten Piste herausarbeiten musste. Wem das nicht gelang, der musste mitten in der „Pfütze" absteigen und konnte sich des Gelächters des anderen sicher sein – falls dieser es geschafft hatte.

Bei kleineren weichen Abschnitten kamen wir mit viel Schwung durchs Wasser.

Häufig gab es noch zwei erschwerende Bedingungen: Zum einen hatte ein schwer beladener LKW, der wohl von uns unbemerkt in der Nacht durchgefahren war, die Pistenoberfläche in drei Abschnitte eingeteilt – rechts, links oder zwischen den beiden fast unüberwindlichen Spurrillen.

Zum anderen kamen wir auch durch kräftig fließende Gewässer, wo uns die Strömung zum Gegenlenken zwang. Und es war ein großes Problem, wenn wir den Untergrund in Folge des schlammigen Wassers nicht sehen konnten.

Auf alles Mögliche in dieser Wüste waren wir vorbereitet: Auf Trockenheit und Hitze, auf Wassermangel und schlechte Pisten, auf Einsamkeit und Eigenverantwortung. Aber auf Dauerregen oder Überschwemmungen sicherlich nicht. *Wer rechnet denn auch damit?*

In der Nacht hatte es geregnet. Ein schwerer Truck hatte die Pistenoberfläche heftig durchpflügt.

Waltrauds Erfindung einer Schnellwäsche: einmal auf jeder Seite nass machen.

Mungerannie by the sea

Auf dem Schild stand „Mungerannie by the sea" und es bezog sich darauf, dass dort genug Wasser fließt.

Um Trinkwasser brauchten wir uns immerhin keine Gedanken mehr zu machen. Das fanden wir nun überall längs der Piste. Ebenso waren genügend Badepfützen vorhanden. Das Kopftuch konnten wir auch ständig feucht halten. Die Hitze, die Fliegen tagsüber und die Mücken in der Dämmerung blieben aber leider. Ja, und natürlich der Schlamm. Inzwischen gaben unsere Fahrräder, die Anhänger, die Packtaschen und wir selbst ein ideales Fotomotiv für jede *Offroad-Trophy* ab. Selbst auf dem Hut lagen die von den Reifen hochgeschleuderten Lehmbrocken.

Nach einigen Pfützen und Schlammabschnitten sahen die Bikes, die Taschen und wir ziemlich verdreckt aus.

Dafür hatten wir an diesem Tag Rückenwind und erreichten unser Tagesziel schon kurz nach Mittag: Mungerannie. Doch bevor wir diese Siedlung, bestehend aus einer Farm, einem Motel, einer Tankstelle, einem Flugplatz, einem Postamt, einem Lebensmittelladen und natürlich einem Pub erreichten, mussten wir den gleichnamigen Fluss durchqueren. Eine nicht einfache Sache bei dem aktuellen Hochwasser. Bis zur Hüfte wateten wir durch die Fluten und brachten die Gepäcktaschen, die Anhänger und die Fahrräder einzeln ans andere Ufer.

Was für eine (Wasser)Wüste!

Vor dem Gebäude stand auch der *Road-Train*, dem wir die heftigen Furchen auf der Piste zu verdanken hatten. Aber das erste kühle Getränk an der Bar machte alles wieder wett. Die Leute im Pub waren einerseits belustigt, andererseits entsetzt über die Tatsache, dass hier zwei *bloody Germans* im Hochsommer mit Mountainbikes die Wüste durchquerten. Wir konnten deren Bedenken und gut gemeinten Ratschläge aber schnell zerstreuen. Es war ja wirklich nicht die erste Wüste, die wir mit Mountainbikes durchquerten, auch wenn es die bisher heißeste und schlammigste Tour war.

Der Truck, der die tiefen Rillen in der Piste verursachte. Sein zweiter Anhänger ist schon auf dem Parkplatz.

Wir bauten unser Zelt im Schatten einer hohen Buschreihe oberhalb des Ufers des Mungerannie Creeks auf. Dort lehnten wir die beiden Fahrräder an einen Baum und weil es im Schatten viel zu heiß war, wir uns aber auch nicht nackt in Sichtweite des Gebäudes auf die Matten legen wollten, gingen wir wieder zurück zur Bar.

Wir wurden gefragt, wieso wir unseren Anhänger unterwegs weggeworfen hätten? Anfangs kapierten wir diese Frage erst gar nicht. Derjenige, der uns ansprach, selber Farmer irgendwo im Outback südlich von hier, hätte uns aus der Ferne mit dem Fernglas beobachtet und gesehen, dass wir an beiden Fahrrädern Anhänger dabei hatten. Als er dann auf ein Bier hierher gefahren sei, hätte er jedoch nur noch je eine einzelne Radspur im Schlamm gesehen. Als wir ihn darauf aufmerksam machten, dass unsere Anhänger nur ein Rad besaßen und als Nachläufer in der Spur des Fahrrads folgten, war er neugierig und ließ sich von uns das System der Aufhängung an den Fahrrädern zeigen.

Weil das Fahrrad mit dem Anhänger fast schon aussieht wie ein australischer „Road-Train", war er von unserer Kraft und Kondition so beeindruckt, dass wir von ihm gleich noch zwei Bier spendiert bekamen. Wasser tranken hier nur die Rinder!

Die Fahrradanhänger waren überlebensnotwendig für uns, da wir nur so große Mengen Wasser und Proviant mit in die Wüste nehmen konnten.

Etwa im Jahr 1920 wurde bei Mungerannie eine artesische Wasserader ange-bohrt. Seitdem fließt das Wasser in großen Mengen aus dem Bohrloch und ist nie mehr gestoppt worden. In der Folge entstand ein bis zu 100 Meter breiter und einige Kilometer langer Fluss, gesäumt von vielen Bäumen und einem dichten Schilfgürtel, Heimat für eine Vielzahl von Fischen, Vögeln und Insek-ten.

Der breite Fluss in der Wüste hat seit einigen Jahrzehnten eine einzigartige grüne Oase geschaffen.

Heute ist das Gebiet als bedeutendes nationales Naturschutzgebiet ausgewiesen. Der Regen hatte den Wasserspiegel zusätzlich um einen Meter erhöht, die Wassertemperatur betrug ungefähr 30°C. Nichts wie hinein in die Fluten und endlich mal den Staub und Schlamm der letzten zwei Wochen abschrubben! Mit Krokodilen war in solchen Wüstenflüssen nicht zu rechnen.

Sauber war das Wasser nach den heftigen Regenfällen nicht gerade – aber sehr erfrischend.

Zwischenlandung in Mungerannie

Frisches Brot und kaltes Bier

Das Nachtleben in Mungerannie war kurz, aber intensiv. Wir saßen nicht alleine im Pub. Nach und nach füllte sich der Raum, und das nicht nur, weil es Freitag war. Neben den beiden *Road-Trains*, die vor dem Hotel standen, hatten sich im Laufe der letzten zwei Tage, die wir in dem Ort verbracht hatten, auch noch vier weitere Allradfahrzeuge angesammelt. Denn an eine Weiterfahrt nach Norden war im Moment nicht zu denken, die Piste stand über mehrere Kilometer einen Meter tief unter Wasser.

Der große Truck transportierte normalerweise Pferde – aber selbst leer konnte er nicht auf die aufgeweichte Piste.

Einige Verwegene versuchten am Nachmittag weiterzufahren und kamen bis über das Autodach mit Schlamm verkrustet wieder zurück. Die typischen Australier nahmen das mit völliger Gelassenheit. Da half nichts besser als ein kühles Bier mit anderen Leidensgenossen, die Kneipe hatte wetterbedingt wahrscheinlich eines der umsatzstärksten Wochenenden des Jahres. Wir saßen dazwischen und mussten von unseren anderen Wüstenabenteuern erzählen.

Jeder wollte genau wissen, ob die australischen Wüsten die schlimmsten und gefährlichsten, die trockensten oder menschenleersten seien, die es auf diesem Planeten gibt. Ein Farmer interessierte sich intensiv für die Pferde der Mongolei und wie dort geritten wird und wie Pferde gezüchtet werden. Auch dort waren wir nämlich bereits unterwegs. Ein Lkw-Fahrer wiederum wollte alles über das neueste Modell eines Mercedes-Trucks aus Deutschland erfahren. Ein anderer Arbeiter – wegen seines heftigen australischen Akzents oder seinem siebten Bier kaum zu verstehen – wollte wissen, ob wir keine Angst vor Schlangen und Spinnen hätten. Na, und Erzählen macht eben durstig. Sobald unsere Bierflaschen leer waren, standen schon wieder die nächsten vor uns. Auf dass der Redefluss nicht stoppte.

Ratespiel: Wer ist der Betreiber des Pubs, wer sind die beiden Truck-Fahrer?

Der nächste Morgen begann mit einem Frühstück aus Kopfschmerztabletten und einem erfrischenden Bad im Fluss. Die tägliche Müsliportion bekamen wir heute nicht runter. Wie sollte das erst am Samstagabend werden, wenn das Pub noch voller werden würde? Den Tag verbrachten wir mit der Fotopirsch auf Vögel, mit einigen Smalltalks an den riesigen *Road-Trains* und mit dem dringend notwendigen Brotbacken. Jeden dritten oder vierten Tag haben wir mehrere Hefebrote mit einem Spezialaufsatz über unserem Ofen gebacken, damit wir in den darauffolgenden Tagen während den Mittagspausen auch etwas Anständiges zu beißen hatten.

Durch einen dummen Zufall erfuhren die tagsüber in der Kneipe Herumsitzenden von dem Geschehen an unserem Zelt und forderten ihren Tribut: zwei frische Brote. Für die meisten Bewohner im Outback existiert Brot nur in Form von gefrorenen Toastscheiben. Ein frisches, noch warmes Brot, mit Butter bestrichen und etwas Salami drauf, das ist absoluter kulinarischer Luxus – obwohl es dort kein Problem wäre, mit Mehl und Hefe selbst Brot zu backen! Das Brot wurde von allen wie ein Heiligtum behandelt und anschließend genüsslich verschlungen. Danach wurden wir für den Rest des Abends freigehalten – langsam kamen wir in Übung! Plötzlich waren wir keine blöden (oder verrückten) Touristen mehr, sondern wurden von den raubeinigen Typen mit tiefem Respekt wegen unserer körperlichen und psychischen Kondition und Leistung geadelt. Das passiert bei den normalerweise reserviert agierenden *stockmen* (australischer Name für Cowboys) nur sehr selten – zumal wir auch etwas Probleme hatten, deren Slang zu verstehen.

Den höchsten Respekt bekamen wir allerdings dafür, dass das alles auch von einer Frau geschafft werden konnte. Frauen sind hier im Outback absolute Mangelware. Wer bleibt in dieser herben und ruppigen Männerlandschaft schon gerne freiwillig, um eine Farm zu führen oder gar Kinder großzuziehen? Selbst mit vielen Versprechen und relativem materiellen Luxus landen nur sehr selten junge Frauen im Outback. Die körperlichen Strapazen tun ihr Übriges.

Outback Dunny – For Gents and Ladies!

Simpson Wetland District

Nach zweieinhalb Tagen versuchte ein Kleinlaster mit der Zugunterstützung von einem Jeep sich durch die nördlich gelegene Seenlandschaft zu kämpfen. Das war eine gute Chance für uns, „per Anhalter" weiter nach Norden vorzudringen und zusätzlich etwas von der verlorenen Zeit wieder wettzumachen.

Von wegen „dryland" ... das war ein „wetland" hier.

Unser Gesamturlaub war nämlich auf nur sechs Wochen begrenzt. Selbst schiebend hätten wir die ausgedehnten Überschwemmungen nicht überwinden können. Zum Glück hatten die aneinander geketteten Fahrzeuge Erfolg und wir konnten etwa 100 Kilometer weiter im Norden auf trockenem und festen Untergrund wieder aussteigen. Das nächste Seeufer am Pistenrand diente uns als Zeltplatz und Wasserquelle für die nächsten Pistenabschnitte. Bis nach Birdsville waren es zwar nur noch etwas über 200 Kilometer, aber ohne ein einziges Wasserbohrloch entlang der Piste. Und auf Regenwasserpfützen konnten wir nur hoffen, nicht spekulieren. Mit maximal 60 Litern waren wir für vier Tage gerüstet – das sollte für die Strecke bis zur Siedlung reichen. Wir waren auf uns alleine gestellt, denn Fahrzeuge gab es hier keine. Jeder wusste, dass die Piste hinter uns im Moment unpassierbar war.

Ein alter rostiger VW-Bus auf unserem Weg. Die Probefahrt gab aber Anlass zu Beanstandungen.

Endlich gab es auch einmal wieder einen angenehm „kühlen" Tag. Die Temperaturen bewegten sich um die 30°C, der Himmel war fast völlig bedeckt und es wehte ein schiebender Wind aus Südosten. Dafür wurde es an diesem Tag etwas mühsamer mit der Pistenoberfläche. Grund dafür waren die roten Steine, die den Boden bis zum Horizont bedeckten. Wir waren in der Sturts Stony Desert angekommen, einer Steinwüste, in der normalerweise fast nichts wächst. Doch etwa drei Wochen zuvor hatte es ausnahmsweise geregnet und daher stand jetzt zum Teil sogar grünes Gras.

In der Sturts Stony Desert wird das Radfahren zu einer Herausforderung.

Eintönige Landschaft in der Sturts Stony Desert

Wir bestaunten einige blühende Pflanzen und die vielen Rinder fraßen sich satt. Doch sobald wir in eine Senke kamen, waren wir wieder in einer Sandpassage der Simpson Desert oder fuhren durch das Regenwasser der letzten Gewitter – Wasserflächen ohne Ende. Mit Erstaunen sahen wir sogar große Entenschwärme. Aber was uns völlig die Sprache verschlug, waren die Wüstenfrösche, die nach dem heftigen Regen jetzt aus der aufgeweichten Erde kamen und ein nächtliches Konzert veranstalteten. Sie waren zum Teil nur daumennagelgroß und kletterten nachts die Zeltwand hoch, um dort die Mosquitos zu fangen. *Sehr nützlich, wie wir fanden!*

Nach den starken Regenfällen kamen viele Tiere aus ihrem Trockenschlaf an die Oberfläche. Hier ein kleiner Frosch.

Und wir machten noch eine weitere skurrile Entdeckung: Süßwasserkrabben, die in den seichten und warmen Pfützen nach Pflanzenresten und Aas suchten. Über Monate, oft Jahre hinweg, vergraben sich diese Tiere tief im eintrocknenden Schlamm, reduzieren ihren gesamten Energiekreislauf und wachen erst wieder aus ihrer Starre auf, wenn der Boden durchtränkt wird von einem erneuten Starkregenereignis. Sie sind also bestens an das extreme Klima angepasst. Nur wir waren es nicht, langsam hatten wir dieses Feuchtbiotop satt.

Ein Gecko freute sich über die Regenfälle - im Gegensatz zu uns.

Neuer Tag, neues Glück, sagt man. Aber der nächste Tag brauchte nichts Neues: Die Landschaft sah immer gleich aus, die Monotonie der flachen und steinigen Wüste wurde manchmal von orangefarbenen Dünen und feinkörnigen Sandsenken durchbrochen. In diesen Senken wandelte sich das vom Wind eingeblasene feine Sediment mit Hilfe des Regenwassers in einen exzellent klebrigen Lehm. *„Damit kann man schöne Gegenstände töpfern"*, dachten wir uns. Aber stattdessen formten sich an unseren Fahrrädern interessante Skulpturen: Scheibenräder, Bremssockelpropfen, Gabelverstopfungen, Schaltzugblockierer, Kettenklümpchen und anderes. Es gab oft genug Situationen, wo sich die Räder wegen der Lehmverstopfungen selbst beim Schieben nicht mehr drehen ließen. Das Entfernen der Schlammkrusten gehörte bereits zum üblichen Tagesablauf.

Irgendwann bremste der Schlamm so stark, dass wir putzen mussten,
um weiterfahren zu können.

Plötzlich bewegte sich in vorsichtiger Zurückhaltung eine Schlange von links
nach rechts über die Piste. Endlich eine lebende Schlange, die mal nicht so
flink war. Aus sicherer Entfernung wurden Fotos geschossen, denn es handelte
sich um eine *Brown Snake*, eine der giftigsten Schlangen der Welt. Sie verschwand in einem Gebüsch am Straßenrand und wir suchten auch lieber wieder das Weite.

Der australische Kontinent ist ja übersät mit Gifttieren. Die Australier teilen die Giftschlangen des Landes in drei Kategorien ein: 2-Stunden-Schlangen, 20-Minuten-Schlangen und 2-Minuten-Schlangen. Diese Einteilung betrifft die Zeit, die einem nach einem Biss noch bleibt. Das hier war eine *two-minute-snake*!

Eine Western Taipan Snake (Brown Snake) querte die Piste. Bei dieser Schlangenart ist Vorsicht geboten, ihr Biss ist innerhalb von Minuten tödlich.

Rast in Birdsville

Nass von Innen und Außen

Mit stark ausgewaschenen Wurzeln hängen die Akazien in der Uferböschung
des Diamatina Rivers.

Nach einer weiteren Tagesetappe kamen wir am Diamatina River vor den
Toren Birdsville's an. Dieser Fluss speist sich fast nur aus dem Regenwasser
eines gigantisch großen Einzugsgebietes. Dort gibt es keine Krokodile, er ist
frei von Krankheitserregern und angenehm kühl. Allerdings ist die Strömung
für eine Durchquerung zu stark, weshalb es eine Betonbrücke gibt. Zum Baden
blieb uns aber der ufernahe Bereich mit schwacher Strömung.

Am Ufer des Diamatina Rivers suchten wir uns zwischen den Uferbäumen
einen Zeltplatz im Sand.

In der 115-Einwohner-Ortschaft führte uns der erste Weg zur Tankstelle, an
der eine große Kühltruhe mit ihrem Inhalt auf uns wartete. Sofort wurden
einige Leute des Dorfes auf die zwei verdreckten Radtouristen aufmerksam.
Der Tankwart konfrontierte uns gleich mit der Frage, ob wir diejenigen seien,
die Brot in der Wüste backen würden. Diese Information über uns war offensichtlich von dem Kleinlasterfahrer, auf dessen Ladefläche wir für ein paar
Kilometer mitgefahren waren, schon bis hierher durchgesickert. Nebenbei
bekamen wir vom Tankwart noch die Adresse eines deutschen Künstlers, der
seit vielen Jahren in der Gegend wohnte und schon auf uns wartete. Wir hatten
offensichtlich schon einen Bekanntheitsgrad erreicht, dass man uns von einem
zum nächsten weiterreichte.

Nach einem reinigenden und erfrischenden Bad im Fluss befeuchteten wir
anschließend in geselliger Runde unsere Kehlen. Es gab nicht nur viel Staub
herunter zu spülen, sondern auch interessante Ideen und Vorschläge unseres
Gastgebers, wie wir die nächsten beiden Tage verbringen konnten, da wir
solange in Birdsville pausieren wollten.

Da der Fluss in der Wüste entspringt und nie das Meer erreicht, gibt es hier auch keine Krokodile, sodass wir ungefährdet baden konnten.

Der Künstler Wolfgang John lebte hier wegen des großartigen Lichts zum Malen. Er lud uns für den nächsten Tag zu einer *offroad*-Tour zu den bekannten roten Dünen in der Simpson Desert ein, ungefähr 60 Kilometer westlich. Dorthin wären wir wegen unseres engen Zeitrahmens sicherlich nicht mit den Fahrrädern gekommen, zumal dort sehr viel Sand das Vorwärtskommen erschwert hätte.

Ein kühles Bier in der Wüste

Nach unseren Erfahrungen in Mungerannie beschlossen wir, nicht gleich den ersten Abend in der Kneipe zu verbringen, sondern verkrochen uns lieber frühzeitig in unserem Zelt am Flussufer – zwei Kilometer von der Siedlung entfernt. Gewekt wurden wir zur Abwechslung nicht vom Wecker im ersten Dämmerlicht, sondern von einem einzelnen *Galah* (Rosakakadu), der über uns im Baum saß und angestrengt versuchte, zu singen. Was dabei herauskam, war ein heiseres Geräusch, das näher am Krähen als am Singen lag. Wenigstens war er nicht so laut, dass die anderen Vogelstimmen überdeckt wurden.

Der Morgen war kühl und voller Musik. Wir konnten in aller Ruhe frühstücken und mussten uns nicht wegen der drohenden Hitze beeilen. Nach einem gemütlichen Mahl sortierten wir unser Gepäck für die Tagestour und radelten mit der gesamten Ausrüstung zu Wolfgang, bei dem wir unserer Meinung nach pünktlich ankamen.

Ganz zum Erstaunen unseres Gastgebers waren wir aber eine Stunde zu früh und bekamen auch gleich eine Bemerkung bezüglich der deutschen Pünktlichkeit zu hören. Wir hatten, ohne es zu bemerken, am Vortag die Zeitzone von South Australia nach Queensland überquert und unsere Uhren nicht nachgestellt.

Die Dünenkämme der Simpson Desert sind parallel von Nord-Nordwest nach Süd-Südost ausgerichtet. Wir kamen direkt aus Osten und mussten uns mit dem Allradfahrzeug alle paar Kilometer einen Dünenkamm hocharbeiten, um auf der anderen Seite wieder „herunter zu schwimmen".

In der Simpson Sand Desert waren besonders die mit Vegetation bewachsenen Sanddünen für uns etwas Neues.

Die Dünenkämme bestehen aus feinem roten Sand. Der höchste Dünenkamm der Region, genannt Big Red, ist eine der drei Attraktion von Birdsville – neben dem Pub und dem an einem Januarwochenende stattfindenden Pferderennen. *Was macht der normale Australier, wenn er die Natur und ein großartiges Panorama genießen will?* Er schürt den Grill an und öffnet eine Flasche Bier. Mit den Worten *The sun is over the yard* (es ist Nachmittag) tranken wir eine Runde Coopers.

Für alle Bierliebhaber interessant:

Das ist das etwas bessere Bier der Region – nach deutschem Reinheitsgebot gebraut!

Badetour in der grünen Wüste

Wir waren erstaunt, wie grün die Wüste war. In den Senken zwischen den einzelnen Dünenkämmen spross saftiges Gras, die Bäume trugen Laub und viele bodendeckende Pflanzen blühten. Wir sahen auch die großen roten Kängurus, ebenfalls Big Red genannt, und viele Kakadus. Einige kleinere Seen waren ebenfalls zu erkennen. Selbst auf den Dünenkämmen grünte und blühte es. Dazu kam, dass es nicht nur Ende Dezember einmal geregnet hatte, sondern auch im vorigen Juli. Wir waren schlichtweg überwältigt von der Formen- und Farbenvielfalt. Die letzten Tage hatten wir schließlich hauptsächlich rote Steine gesehen. Die Wüste lebte tatsächlich!

Was wir allerdings nicht sahen, waren Kaninchen. Sie wurden intensiv bekämpft, damit sich die Natur wieder voll entfalten konnte. Jahrzehntelang hatten die aus Europa eingeschleppten Nager alles aufgefressen.

Der Eyre Creek ist ein weit ausgebreitetes Flusssystem, das hinunter zum größten Salzsee Australiens führt, zum Lake Eyre in Südaustralien. Nur alle paar Jahrzehnte schaffen die Zuflüsse es, den See zum Leben zu erwecken. Dann können dort riesige Schwärme an Pelikanen und anderen Seevögeln beobachtet werden – und wir hatten das seltene Glück.

Diese Wüste war grün – zumindest erschien uns das so, nachdem wir zuvor
in der Steinwüste waren.

In der Ferne tauchte der vollgelaufene Eyre Creek auf. Hier war unser
Wüstenausflug zu Ende.

Ein Seitenkanal des Eyre Creek in einer vor uns liegenden Senke versperrte uns schließlich die Weiterfahrt nach Westen. Zwischen zwei Dünenkämmen floss ein 500 Meter breiter Fluss, der einige Meter tief war. Die Strömung war zwar gemächlich, aber trotzdem mussten wir beim Baden aufpassen, denn viele der Bäume und Büsche waren unter der Wasseroberfläche. Da kann man sich leicht verletzen oder gar mit den Füßen hängen bleiben. Während des Trocknens in der Sonne öffneten wir uns das nächste Bier und machten uns damit fit für die zweite Attraktion von Birdsville: das Birdsville Pub.

Der Eyre Creek hat nur alle paar Jahrzehnte einen so hohen Wasserstand.

7-Gänge-Menü oder Känguru-Braten?

Kaum betraten wir die Kneipe, hatten wir lauter Bekannte um uns herum. Alle Fahrzeuge aus Mungerannie waren inzwischen in Birdsville angekommen – und mit ihnen unsere Erzählungen und Abenteuer. Besonders schnell hatten sich auch unsere Brotbackkünste rumgesprochen. Verständlicherweise wollte jeder einmal eine Kostprobe genießen. Da am kommenden Tag sowieso Backen angesagt war, wurden gleich drei Brote mehr produziert. Eine Einladung zum Grillen für den nächsten Tag war uns daher sicher.

Innenansicht der Kneipe in Birdsville

Was isst man eigentlich in einer Outback-Kneipe? Ein Blick auf die Menükarte offenbarte Bekanntes (Schaschlik mit Pommes) und weniger Bekanntes (Känguru mit Gemüse). Da wir als Radfahrer den Kalorien nie abgeneigt waren, erkundigten wir uns aber erst einmal, was es mit dem angegebenen Sieben-Gänge-Menü auf sich hatte.

Die Antwort war wieder mal typisch australisch: *„Ein Hamburger und ein Sixpack"*(6 Flaschen Bier). Wir nahmen deshalb doch lieber das Känguru-Steak. Die Kunst der Zubereitung von Kängurufleisch ist es, so der Koch, den richtigen Zeitpunkt zu kennen, an dem das Fleisch noch ganz leicht blutig ist. Wird es ganz durchgeschmort, ist es zu trocken und zäh. Das Gemüse war natürlich frisch aus dem Eisschrank. Uns schmeckte es trotzdem.

Vor der berühmten Kneipe in Birdsville - In der Mitte der Wirt

Die Kneipe war dekoriert mit einer Vielzahl an Fotos, Schildern, Werbungen, Wimpeln, Andenken, Pokalen und Medaillen der Pferderennen der vergangenen Jahre. Zu diesem berühmten Pferderennen kommen mehrere zehntausend Besucher jedes Jahr nach Birdsville. Nur sind die wenigsten am Rennen selbst interessiert. Den meisten geht es darum, sich mit Kumpels einen ordentlichen Rausch zu gönnen. Für drei Tage ist dann der lokale (!) Notstand ausgerufen. Die einzige Kneipe des Ortes verlegt (schon aus baulichen Gründen) den Bierverkauf vor die Tür und macht fast ihren gesamten Jahresumsatz.

Neben all diesen Andenken verzierte eine Unmenge alter abgenutzter Hüte mit kleinen Namensschildern die Kneipenwände und die Decke. Diese stammten von Farmarbeitern oder Lkw-Fahrern, an die auf diese Weise beim Feiern immer mitgedacht wird. Diese Sitte kannten wir schon aus Mungerannie.

An der Wand hängen die Hüte der Verstorbenen.

Riding in the storm

Von Birdsville aus schlugen wir eine neue Richtung ein: Die letzten drei Wochen waren wir fast immer gerade nach Norden gefahren, jetzt bogen wir mehr und mehr in eine nordöstliche Richtung ab. Ab Windorah, wo wieder eine Asphaltstraße auf uns wartete, wollten wir direkt in Richtung Osten zum Pazifik radeln. Aber bis dahin hatten wir noch einiges an Strecke vor uns.

Ab Birdsville war die Piste frisch geschoben worden. Was Autofahrer glücklich macht, muss allerdings noch lange nicht für Radfahrer gelten. Die Piste ist nach so einer Bearbeitung oft so „grobschottrig", dass wir nur mit viel Geschick und Balance auf der weichen Oberfläche durchkamen. Wir sagten uns immer wieder, dass Sand und Schlamm weitaus schlimmer wären – aber da ahnten wir noch nicht, was auf uns zukommen sollte.

Gegen Mittag, als wir unter einem kleinen Baum lagen und schliefen, hörten wir ein fernes Grollen. Die kleinen „Flöckchenwolken" schlossen sich immer mehr zusammen und wuchsen in die Höhe. Die ersten Gewitterzellen entstanden vor uns im Nordosten.

81

Der Regen kam bedrohlich auf uns zu. Wir lehnten die Fahrräder aneinander
und warfen eine große Plane darüber.

Die Wolken verbanden sich immer weiter zu einer einheitlichen Wand. Da wir
mal wieder Gegenwind hatten, kam die geschlossene Front rasend schnell auf
uns zu. Schon bald war die Sonne verdeckt und der Tanz begann: Der Sturm
und die Heftigkeit des Wolkenbruchs sind kaum zu beschreiben. In Sekunden-
schnelle fielen die Temperaturen von 45°C auf 20°C. Sofort fingen wir heftig
an zu frieren. Zuvor waren wir der Meinung, ein Regenschauer sei bei diesen
heißen Temperaturen erfrischend. Der Temperaturunterschied war aber zu
heftig für unsere nun schon an die Hitze gewöhnten Körper. Die herabstürzen-
den Wassermassen konnte man nicht mehr als Regen bezeichnen. Es war kein
einziger Wassertropfen zu erkennen. Es schüttete wie in einem Wasserfall.

Eine Gewitter-Walze bewegte sich auf uns zu. In wenigen Augenblicken war alles nass und die Temperatur um 25°C gefallen.

Glücklicherweise schlugen die Blitze in weitem Abstand ein. Wir bekamen nur den Rand des Gewitters zu spüren und so schnell es gekommen war, so schnell war es auch wieder über uns hinweggezogen. Was blieb, war eine völlig aufgeweichte Piste. Ein Weiterkommen war selbst für Allradfahrzeuge nicht mehr möglich. Immerhin nahte die Rettung: Gleich hinter der Gewitterwolke kam die Sonne hervor und es waren schnell wieder 35°C bei einem fast wolkenlosen Himmel. Es blieb uns also nichts anderes übrig, als so lange zu warten, bis die Piste zum Weiterfahren getrocknet war. Wir saßen am Pistenrand auf unserer Folie, trockneten unsere Klamotten und gingen in der Umgebung auf Fotopirsch.

Nach langen vier Stunden konnten wir endlich weiterfahren. Unsere Mountainbikes und die Anhänger waren zwar nicht mehr so schwer wie noch zu Anfang der Tour, aber die Reifen versanken an einigen Passagen noch tief genug, um uns zum Absteigen und Schieben zu zwingen. *Wer steht, verliert!* Nach 18 Kilometern Qual durch diesen Brei wurde es höchste Zeit, einen Zeltplatz für die Nacht zu suchen. Am fernen Horizont erkannten wir, wie sich die nächsten hohen Quellwolken als breite Wolkenfront zusammenschlossen. Ein weiteres Gewitter näherte sich. Danach würde die Piste bis zum Einbruch der Dunkelheit nicht mehr abtrocknen und bis zum Morgen unpassierbar sein. So bestimmte die Frequenz der Gewitter unseren Tagesrhythmus und unsere Kilometerleistung. An diesem Tag waren es 75.

Abschied von Birdsville: Unser Ziel Gladstone ist zwar nicht auf der Liste, aber war ebenfalls über 1.000 km entfernt.

Der regenreichste Sommer seit 50 Jahren

Am nächsten Tag schafften wir es, rechtzeitig zum nächsten Gewitter unter einem Dach zu stehen. Beim Einsetzen des Regens erreichten wir die kleine Siedlung Betoota, bestehend aus einer Farm und einem ehemaligen Hotel mit Pub. Zwei langweilige Stunden verbrachten wir unter dem Dach des seit einigen Jahren geschlossenen Hotels. Mit dem 85-jährigen Besitzer wechselten wir nur einige Worte, da sein Dialekt so schlimm war, dass er kaum zu verstehen war. Er redete vor allem über das diesjährige Wetter in der Wüste. Es hätte seit über 50 Jahren nicht mehr so häufig und so viel geregnet.

Die Monsunwirbel (Zyklone) über dem Norden Australiens, wo jetzt die Regenzeit begann, waren dieses Jahr besonders stark und reichten weit ins Landesinnere. Was die Farmer erfreute, amüsierte uns überhaupt nicht mehr. *Hätte es nicht auch erst eine Woche später so heftig regnen können?*

Fünf Kilometer hinter Betoota platzte uns ein Reifen – die Karkasse war offen. Nicht, dass wir schlechtes Reifenmaterial dabeigehabt hätten, aber auch solche Reifen mussten sich stets aufs Neue bewähren. Nach 1.500 Kilometern war nun einer der mitgebrachten Testreifen verschlissen. Ersatz hatten wir jedoch dabei! Der Wechsel kostete uns eine halbe Stunde, weil vorher Reifen und Rad möglichst vollständig vom Schlamm befreit werden mussten, denn Steinchen zwischen Mantel und Schlauch wären nicht ratsam gewesen.

Unvermittelt platzte ein Reifen.

Nach einem weiteren mühsamen Kilometer auf weicher Piste kamen wir schließlich an einen der zahllosen *Creeks* – ein über viele Jahre ausgetrocknetes Flussbett. Zurzeit befand sich darin allerdings ein reißender Fluss, knapp einen Meter tief und etwa 300 Meter breit.

Auf uns wartete eine Stunde Arbeit, denn alle Gepäcktaschen, der Anhänger und die Fahrräder mussten einzeln auf die andere Seite gebracht werden. Das waren zehn Querungen des Flusses für jeden.

Ein Fluss mitten in der Wüste. Wir mussten alle unsere Sachen einzeln hinübertragen.

Schlussendlich waren wir erschöpft und durchnässt am Ziel. Obwohl der Tag noch nicht zu Ende war, bauten wir auf dem trockenen Gegenufer zwischen einigen kleinen Bäumen unser Zelt auf und fingen gemütlich an zu kochen.

Drei Stunden später wollten wir den Wasservorrat für den nächsten Tag schöpfen und gingen zurück zum Fluss – aber der Fluss war weg! Übrig geblieben war ein schwaches Rinnsal, gerade genug, um etwas Wasser zu bekommen. So schnell ging das hier also! Unsere Tagesleistungen schrumpften bei diesem Wetter gewaltig: An diesem Tag waren es nur noch 58 Kilometer.

Zeltplatz nach einem regenreichen Tag – rings um uns waren große Pfützen.

Stimmungsvoller Sonnenuntergang in der Pfützenlandschaft der Wüste

Ein Gewitter nach dem anderen

Regen, Regen, Regen – und das in der Wüste! In der Nacht hatte es wieder geregnet, deshalb konnten wir unmöglich sofort weiterfahren – erst gegen 9 Uhr kamen wir endlich los. Selbst zu dieser Zeit war die Fahrt für die ersten Stunden noch sehr anstrengend, weil die Reifen versanken. Immerhin kamen uns zwei Fahrzeuge entgegen, in deren Spuren der Lehm schneller trocknete. Allerdings war es eine hohe Kunst der Balance, in den Spurrillen zu fahren.

Die Landschaft wurde immer bergiger. Nach vielen Tagen in ebenem Gelände hatten wir eine Steigung zu bewältigen und erreichten eine weite Hochebene. Gegen 11 Uhr war die Piste wieder trocken. Die Freude darüber währte allerdings nur kurz, dann fing es erneut an zu regnen. Ein heftiges Gewitter näherte sich so schnell, dass wir gerade noch die große blaue Plastikplane über die Fahrräder und Taschen werfen konnten. Das Mittagsgewitter war jedoch zum Glück nur ein kurzes Ereignis von weniger als 15 Minuten. Schon nach zwei Stunden – inzwischen war es 14 Uhr – konnten wir auf der abgetrockneten Piste weiterfahren.

Die Sonne schien kräftig und ließ die Temperatur schnell wieder weit über die 30°C-Marke klettern. Der Schlamm und Lehm war klebrig wie immer, ständig blockierten unsere Räder. Schieben war auch unmöglich, da wir mit unseren Schuhen im Schlamm herumrutschten. Nach einem Kilometer steckten wir endgültig fest – nichts ging mehr.

Nach dem Regen war die Piste so weich, dass innerhalb weniger Meter alles am Fahrrad verschlammt war. Da half nicht einmal Schieben.

Es blieb uns nichts anderes übrig, als zu warten, bis die Piste wieder fest geworden war. Wir bauten also das Innenzelt auf und warfen unser Betttuch darüber. Dadurch hatten wir genug Durchlüftung und trotzdem einen angenehmen Schatten.

Die Bücher, die wir mit auf die Reise genommen hatten, waren schon längst gelesen. Das kleine Backgammon-Spiel war unsere einzige Möglichkeit, bei der Hitze mit möglichst wenig Anstrengung die Zeit totzuschlagen. Es regnete an diesem Tag zum dritten Mal, wenn auch nur für zehn Minuten.

Nach Starkregen mussten wir oft warten, bis die Piste abgetrocknet war. In dieser Zeit lagen wir im Zelt und ruhten uns aus.

Anschließend bemerkten wir, dass unser Zelt im Fall eines starken Gewitters nicht gut gegen eine Überschwemmung gesichert war. Wir zogen deshalb einen Graben und verankerten das Zelt extra fest. Aus Vorsicht vor vorbeikommenden Fahrzeugen (wer sollte momentan noch fahren können?) wuchteten wir die beiden Fahrräder an den Pistenrand und versuchten, die gröbsten Lehmbrocken abzubekommen. Wäre der Lehm erst mal durchgetrocknet gewesen, hätten wir Hammer und Meißel zum Reinigen benötigt!

Nach drei Stunden entschieden wir uns weiterzufahren – inzwischen war es fast 18 Uhr und mit 25°C angenehm kühl. Bis zur Dunkelheit konnten wir noch eine Stunde radeln und damit die morgige Tagesetappe verkürzen.

Endlich war die Pistenoberfläche wieder so weit abgetrocknet, dass wir weiterfahren konnten.

Wir hofften, am kommenden Abend an der Asphaltstraße anzukommen und so dem Schlamm zu entfliehen. Nach gerade mal fünf Kilometer trafen wir allerdings in einer kleinen Senke, wo sich das Wasser ansammelte, erneut auf ein riesiges Schlammloch. Also war doch Feierabend!

Ein sicherer Zeltplatz war schnell gefunden. Gegen 22:30 Uhr zog ein heftiges Gewitter von Nordosten heran, der präventiv gezogene Wassergraben erwies sich somit gleich als hilfreich. Wir wussten, dass die Fahrräder und unsere Zeltstangen nicht nur das einzige Metall in der ganzen Umgebung waren, sondern auch die höchsten Erhebungen darstellten. An Schlaf war da nicht zu denken. Es blitzte, donnerte und schüttete zwei Stunden lang. An diesem Tag hatten wir ganze 20 Kilometer geschafft!

Seenlandschaft in der Wüste. Inzwischen hatten wir uns an diesen Landschaftseindruck gewöhnt.

Die Reise neigt sich dem Ende

Das Ende des Regens

Der nächste Morgen erwartete uns mit einem wolkenlosen Himmel und schnell steigenden Temperaturen – das stimmte uns hoffnungsvoll. Trotzdem war die Piste erst gegen 12 Uhr so weit abgetrocknet, dass wir weiterfahren konnten, der nächtliche Regen war einfach zu ergiebig gewesen, alles hatte sich zu Brei verwandelt. Dafür wurde das einförmige Landschaftsbild des flachen Graslandes nun immer stärker durch Sandsteinklippen, Tafelberge und Bäume abgelöst – alles war grün.

Am Nachmittag war die Piste wieder pulvertrocken und ließ sich hervorragend befahren. Nur wenige Wölkchen zogen von Nordosten heran und der Wind baute sich nicht zu einem Orkan auf. Das war es dann wohl endlich mit den Zyklonwolken aus Norden gewesen – zum Glück!

Eigentlich herrschte ideales Fahrradwetter. Die Reize der grün werdenden Wüste konnten wir in Ruhe genießen und mussten nicht schon wieder Angst um unsere Tagesleistung haben. Wir schafften auf der trockenen Piste endlich wieder 70 Kilometer. Unser Zeltplatz lag an diesem Abend neben einem weiß blühenden Strauch, der nach Zitronen duftete. Bei näherer Betrachtung stellten wir fest, dass er sogar wirklich mit Zitronen verwandt war. Den genauen Namen kannten wir allerdings nicht – mit dem Aroma der Zitrusfrüchte in der Nase schliefen wir ein.

Ein nach Zitronen duftender Busch neben unserem Zeltplatz

Das Wetter hatte sich am nächsten Morgen tatsächlich beruhigt. Auf die gnadenlose Hitze war wieder Verlass, aber immerhin konnten wir fahren und kamen voran. Die Provianttaschen wurden immer leichter und wir kamen immer besser in Form. 72 Kilometer später rollten wir auf die Asphaltstraße, von Birdsville bis hierher waren es 275 Kilometer gewesen. Vor uns lag nun eine einspurige Strecke, die von einem großen Ölfeld weiter im Westen nach Osten zum ersten Eisenbahnanschluss führte.

Die einspurige Asphaltstraße brachte uns immer weiter nach Osten in eine grüner werdende Landschaft.

Wenn sich einer der riesigen Trucks ankündigte, verließen wir lieber die Straße und gingen mit den Fahrrädern in Sicherheit. Die Fahrzeuge fuhren auch gerne mit zwei Anhängern. Die bremsten nicht für Radfahrer, die bremsten noch nicht einmal, wenn ein Rind auf der Straße stand. Bei Geschwindigkeiten von 80 bis 100 Kilometern pro Stunde lässt sich solch eine bewegte Masse nicht so leicht abbremsen. Ebenso sind die Sogwirkung und der Steinchenflug der vorbeidonnernden Lkws mit ihren Anhängern nicht zu unterschätzen.

Das Ungetüm eines australischen Roadtrains. Da gingen wir lieber auf Distanz zur Straße.

So ein Roadtrain-Schild verleitet auch zu Scherzen, wir arbeiteten etwas an der Beschriftung...

Mit der Zeit beobachteten wir eine Veränderung der Vegetation: Die Wüste mit ihrem ebenen und langweiligen Grasbewuchs war schlagartig einem Buschland gewichen. Nun sahen wir viele Bäume, Sträucher, saftiges Gras dazwischen und zahllose Emus, Kängurus und Kakadus. Ebenso gab es viele farbenprächtige Blumen zu bestaunen. Die nächsten Bilder fassen unsere Eindrücke sehr schön zusammen:

Blütenpracht am Straßenrand – nach der kargen Landschaft der Wüste für uns etwas Besonderes.

Ein farbenprächtiger Rainbow-Lori (Trichoglossus haematodus) ist ein nektarsaugender Papagei, der hier in einem blühenden Eukalyptus nach Blütensaft sucht.

Die Emus blieben lieber auf Distanz und beobachteten uns Radfahrer aus der Ferne.

Kaum hatten wir Asphalt unter den Rädern und brauchten uns wegen aufge-
weichter Pisten keine Sorgen mehr zu machen, regnete es nicht mehr – bis zum
letzten Tag unserer Tour sollte kein Tropfen mehr fallen. *Da soll uns noch
einer etwas über trockene und heiße australische Wüsten erzählen!*

Je weiter wir nach Osten kamen, desto grüner wurde die Busch-Landschaft.

The Australian bush

Über die kleine Asphaltpiste, Diamantina Developmental Road genannt, erreichten wir nach 110 Kilometern das Dorf Windorah, in dem wir uns das erste
kühle Getränk seit langer Zeit gönnten. Der beste Zeltplatz der Umgebung lag
allerdings weitere zehn Kilometer außerhalb des Dorfes, am Ufer des Coopers
Creek. Diesen Fluss hatten wir schon auf dem Birdsville-Track zwischen Marree und Mungerannie kennengelernt – damals allerdings ausgetrocknet. Inzwischen war so viel Regen im Norden niedergegangen, dass daraus ein metertie-
fer Fluss mit starker Strömung geworden war. Vermutlich war nun auch der
ausgetrocknete Teil in der Wüste unter Wasser, der Lake Eyre bekam in diesem Jahr noch mehr Wasser und die Birdsville-Piste war mit hoher

Wahrscheinlichkeit bereits geschlossen. Am nächsten Zeltplatz konnten wir uns endlich vom Schlamm der letzten Tage befreien.

Ab diesem Zeitpunkt wurden Kilometer gefressen! Jeder Tag sah vom Ablauf her ähnlich aus: Wecken um 4:30 Uhr, Abfahrt um 6 Uhr und Frühstück um 8 Uhr.

Frühstückspause am Straßenrand – es gab ohnehin keine Fahrzeuge, die uns störten. Rechts im Bild steht ein Flaschenbaum mit seinem typischen dicken Stamm.

Soweit es möglich war, nutzten wir die kühle Morgenluft aus und hatten bis zur Mittagspause stets schon mindestens 80 Kilometer hinter uns gebracht. Dann schliefen wir drei oder vier Stunden im Schatten eines Baumes, von denen es jetzt wieder reichlich gab, und fuhren am späteren Nachmittag noch mal zwei bis drei Stunden. So kamen wir fast jeden Tag auf 140 Kilometer Strecke. Die Vegetation wurde immer üppiger. Je weiter wir nach Osten kamen, umso mehr Pflanzenarten kamen dazu. Schließlich prägten auch wieder Plantagen und große Agrarflächen die Region.

Die Bäume wurden immer höher, je weiter wir nach Osten kamen. Schatten gab es trotzdem immer nur am frühen Morgen und späten Abend.

Soja-Plantagen bis zum Horizont

Die Wasserversorgung entlang der Strecke war überall gut, schließlich gab es genügend Regenwasserpfützen. Für alle Fälle hatten wir auch ein Desinfektionsmittel zur Wasseraufbereitung dabei, brauchten es aber glücklicherweise nie. Mithilfe der Hufabdrücke am Pfützenrand konnten wir schnell erkennen, ob schon Rinder getrunken hatten. Nachdem aber überall Wasser zu finden war, kamen die Tiere gar nicht an den Straßenrand. Mit den vorbeirasenden *Road-Trains* wäre es dort auch viel zu gefährlich gewesen. Als Radfahrer kamen wir übrigens in den einmaligen Genuss, überfahrene Tiere zuerst zu riechen bevor wir sie sahen. Von ausgewachsenen Rindern bis Kakadus, von Schlangen, Eidechsen bis zu Kängurus – die riesigen Laster erwischten einfach alles. *Flattened Fauna* eben!

Als Radfahrer rochen wir die toten Tiere am Straßenrand bereits, bevor wir sie sahen.

Farmland, Siedlungen und die ersten Städte

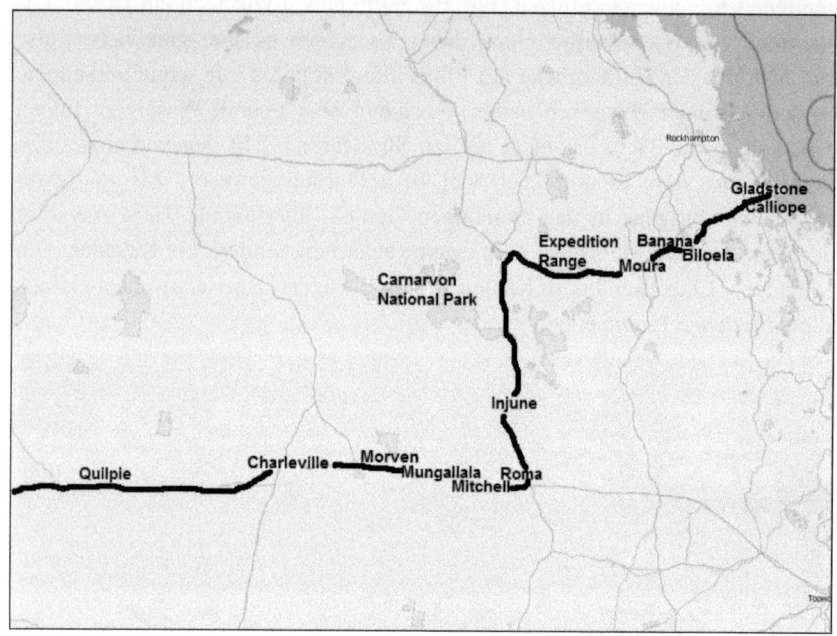

Route Teil 3. Quelle: OpenStreetMap und Mitwirkende, CC BY-SA

Wir waren weiter auf dem Weg nach Osten unterwegs, in Richtung Pazifikküste. Die Landschaft wurde immer häufiger von Hügeln durchsetzt, es gab sogar Pässe, die wir überfahren mussten – ganze 300 Meter hoch.

Je weiter wir nach Osten kamen, desto hügeliger wurde die Landschaft.

Die Schafweiden wichen immer öfter Getreidefeldern, die kleinen Farmhäuser immer mehr Agrarfabriken mit gigantischen Silos, die Dörfer wurden zunehmend größer, wir durchquerten auch wieder Kleinstädte mit hohen Verkehrsdichten. Über Land mussten wir nun wieder brav am linken Straßenrand fahren, weil alle paar Minuten ein Auto kam. Dafür gab es mehr Kühlschränke mit Eis oder Limo, und auf das Brotbacken konnten wir ebenfalls verzichten, die Bäckereien wurden häufiger. Die Übergänge waren fließend und wir Radfahrer erlebten das als einen langsamen Prozess – ein Autofahrer empfindet das ganz anders.

Nachdem wir nun mit deutlich kleineren Wasserreserven in den Anhängern fahren konnten, kamen wir schneller voran. In Charleville konnten wir zum ersten Mal seit unserem Start in Adelaide einen großen Supermarkt plündern. Als Radfahrer hatten wir bestimmte Ansprüche an die Qualität und Quantität der Nahrung, vieles fanden wir jedoch in den kleinen Läden im Outback oder in den Tankstellen nicht. Die kleinen Ortschaften, durch die wir kamen (Quilpie, Charleville, Morven, Mungallala, Mitchell und Roma) waren genauso verschlafen wie diejenigen, die wir schon zu Beginn unserer Reise passiert hatten – wir waren immer noch im Outback. Wenn hier ein Radfahrer vorbeikommt, ist das eine Sensation.

Besonders toll waren die stets sauberen öffentlichen Toilettenhäuschen überall. Das kannten wir aus Deutschland überhaupt nicht. Diesen Komfort und Standard sollten sich die oft nicht allzu sauberen und ordentlichen deutschen Gemeinden abschauen!

Je weiter wir nach Osten gelangten, umso weiter mussten wir unseren Tagesablauf nach vorne verschieben, denn die Sonne ging früher auf. Die Uhren der Menschen sind eben doch nur Hilfsmittel, die Sonne bestimmt unseren Rhythmus. In der Mittagshitze waren es jeden Tag an die 40°C, und die Luftfeuchtigkeit stieg mit zunehmender Nähe zur Küste und den dichten subtropischen Bergen, die vor uns lagen. Radfahren wurde wieder eine schweißtreibende Sache und unsere feuchten Baumwolltücher unter den Hüten blieben im Dauereinsatz. Der Gegenwind wurde zum Glück durch die am Straßenrand stehenden Bäume angenehm abgebremst. Auch war die Fliegen-Plage so gut wie weg, seitdem wir die großen Rinderfarmen des *Outbacks* hinter uns gelassen hatten. Was für ein Glück!

Flaschenbäume, Pythons und Ameisenigel

In Roma bogen wir in Richtung Norden ab, unser Ziel war das Bergland um den Carnarvon Nationalpark. Dieser Teil wurde durch die ersten Ausläufer der Great Dividing Range, dem höchsten Gebirge Australiens, bergiger. Dichte Eukalyptus- und Akazienwälder wechselten sich mit Farmland ab. Am auffälligsten waren die Flaschenbäume, die selbst auf total gerodeten Flächen noch stehen blieben. Sie gaben der ausgeräumten Landschaft etwas Surrealistisches und Extraterrestrisches.

Flaschenbäume sind typische Elemente der Vegetation in diesen monsunabhängigen Wäldern. Sie speichern große Mengen Wasser für die Trockenzeit in ihrem Holz. Deshalb dürfen sie auch nicht gefällt werden und bleiben als Relikte des einst üppigen subtropischen Waldes stehen.

Auf den Bergkuppen wuchs der Urwald. Je höher wir kamen, desto üppiger wurde die Vegetation. Undurchdringlicher Unterwuchs aus riesigen Eukalypten, Flaschenbäumen, Lianen und einigen Dorngewächsen, dazwischen riesige Spinnen in goldenen Netzen, schillernde überdimensionale Schmetterlinge und Pythons am Straßenrand – die längste war 2,30 Meter lang.

Ein frisch überfahrener Python. Der Kopf war Matsch, aber der Rest der Schlange noch völlig intakt!

Der Python war über zwei Meter lang.

Ein Ameisenigel kreuzte vor uns die Straße. Kaum hatte er uns bemerkt, rollte er sich zusammen und ließ sich zu keinem Erinnerungsfoto bewegen. Aber zumindest hatten wir eines dieser seltenen und seltsamen Tiere zu Gesicht bekommen. Neben dem australischen Schnabeltier ist der Ameisenigel ein Vertreter der ursprünglichen Kloakentiere, die Eier legen, ausbrüten und ihre Jungen säugen.

Ein zusammengekugelter Ameisenigel – eines der urzeitlichen Lebewesen Australiens.
Er legt Eier und säugt seine Jungen.

Auf dem Weg ist das Dorf Injune zumindest eine Erwähnung wert, denn es besitzt nicht nur ein nettes Informationszentrum gleich in der Ortsmitte, sondern auch einen sehr gepflegten Campingplatz, der für jeden Besucher die ersten zwei Tage kostenlos ist – inklusive der Duschen! Wieder so ein Service für Gäste, den sich in Deutschland wohl kaum eine Kommune einfallen lassen würde. *Dabei suchen die doch immer nach irgendwelchen touristischen Allein-stellungsmerkmalen für ihre Ortschaften auf dem Land.*

Die letzten Kilometer

Das Mountainbike-Expedition-Team im Expeditions-Gebirge

Wir erreichten den Dawson Highway und mussten nun verstärkt mit Schwerlastverkehr rechnen. Um nach Gladstone an die Ostküste zu kommen, hatten wir keine andere Route zur Auswahl. Wir kämpften mal wieder gegen den Ostwind und gegen eine Hügelkette nach der anderen an. Die hohe Luftfeuchtigkeit machte uns immer mehr zu schaffen, die Trikots wurden während der Fahrt nicht mehr trocken. Vor uns in der Ferne sahen wir bereits hohes Bergland, das wir bis zum Abend noch erreichen wollten. Was aussah wie eine Strecke von 20 Kilometern, erwies sich schließlich als schweißtreibende 60 Kilometer und einige Höhenmeter mehr als vermutet.

Hohe Eukalytus-Bäume in den Great Dividing Ranges

Der Wald dort beherbergte eine Fülle für uns neuartiger Baumarten: Riesige Eukalypten mit rosafarbener Rinde, gelb blühende Akazien, Grasbäume, mehrere Arten von Flaschenbäumen, Casuarinas, Cycas und Zamiacycas, Lianen und undurchdringliche Grashorste – eine richtig urwaldliche Gegend.

Eine urzeitliche Pflanze: Palmfarne sind weder Palmen noch Farne, sondern eher mit den Nadelbäumen verwand.

Leider sind diese grandiosen Urwälder Ostaustraliens heute auf kleine Flächen zusammengeschrumpft. Ihr ursprüngliches Verbreitungsgebiet wird heute durch ein einförmiges und ausgeräumtes Farmland bedeckt.

Der Name des Berglands, in dem wir uns gerade bewegten, gefiel uns besonders gut: Expedition Ranges. Die Passhöhe betrug im Gegensatz zum abenteuerlichen Namen gerade einmal 455 Meter. Süß.

Für uns war die Aussicht am wichtigsten, dass wir auf der anderen Seite in rasanter Fahrt hinunterjagen konnten. Vorher übernachteten wir allerdings auf halber Höhe. Im eingezäunten Farmland talabwärts wäre es nämlich schwer geworden, geeignete Zeltflächen zu finden.

Einer der höchsten Pässe der Region war der gerade einmal 445 Meter hohe
Expedition Range.

In der Nacht raschelte und schnarrte es überall um uns herum. Neben dem Zelt,
über dem Zelt und sogar unter dem Zelt. Als mir eines der Geräusche allzu
heftig wurde und ich nicht schlafen konnte, schaltete ich die Stirnlampe an und
öffnete vorsichtig den Reißverschluss des Zeltes. Wir hatten seit dem Start
unserer Radtour bisher nur zweimal in der Nacht das Überzelt wegen Regen
verwenden müssen, ansonsten hatten wir uns stets nur mit dem selbststehenden
Innenzelt begnügt. Auf diese Weise waren wir allerdings auch den Geräuschen
und Bewegungen vor unserer „Haustür" direkter ausgesetzt. So laut dieses
Geräusch war, das mich jetzt nicht einschlafen ließ, so groß erwartete ich auch
das Tier, das sich vor dem Zelt befand – mindestens ein großer Python. Aber
statt einer riesigen Schlange stellte sich ein kleiner schwarzer Laufkäfer als
Unruhestifter heraus, der mit einigen Holzstückchen auf dem Waldboden herum klapperte.

Wälder bis zum Horizont haben wir nur in den Great Dividing Ranges angetroffen.
Sobald das Gelände flach war, gab es Farmland.

Der Küste schon sehr nah

Die Beschreibung der Strecke bis kurz vor Moura kann man kurz fassen: immer geradeaus, über leichte Hügel, durch langweiliges Farmland und mit wenig Gegenwind. Interessant wurde es erst wieder, als wir etwa 20 Kilometer vor Moura durch einen *State Forest* kamen. Hier waren die Bäume noch nicht dem Landhunger der Farmer zum Opfer gefallen. Es gab sogar viele Grasbäume, wenn auch nur sehr kleine, nicht vergleichbar mit jenen in den Flinders Ranges zu Beginn unserer Tour.

Unsere hitzebedingten Mittagspausen erstreckten sich jetzt auf maximal drei Stunden, denn die Temperaturen stiegen nicht mehr über die 35°C-Marke. Da wir jedoch mit der zunehmenden Luftfeuchtigkeit zu kämpfen hatten, die Trikots immer stärker am Körper klebten und der Schweiß nicht richtig verdunsten wollte, empfanden wir die kühleren Temperaturen genauso lästig wie die hohen in der Wüste.

111

In den flachen Regionen der Great Dividing Ranges gibt es Farmland mit Kühen und Pferden.

Am Ortsrand von Moura kreuzte die Straße den Dawson River, der an dieser Stelle ganzjährig Wasser führt. Hier laden Camping-, Golf-, Grill- und Müllplätze zum Verweilen oder zügigem Weiterfahren ein. Wir entschieden uns für Letzteres, da es uns dort zu laut und zu nahe an der Stadt war. Moura ist geprägt vom Kohlebergbau in der Region und von einigen großen Fabriken, unter anderem einer riesigen Düngemittelfabrik. Deren Gestank hing noch in der Luft, als wir den Ort schon weit hinter uns gelassen hatten. Wir versuchten also lieber außerhalb der Stadt einen Zeltplatz zu finden. Leider hatten wir dabei aber wenig Glück, da alles Farmland und damit fest eingezäunt war. So mussten wir uns mit einem vorerst ruhigen und abgelegenen Plätzchen neben dem Bahngleis begnügen. Vier lange Kohlezüge nach Gladstone rissen uns nachts jedoch immer wieder aus den Träumen.

Der kleine Ort Banana (ohne eine einzige Bananenstaude) schlief noch im ersten Morgenlicht, als wir hindurchfuhren. Der Tag blieb bis zum Mittag angenehm kühl, denn der Himmel war fast vollständig bedeckt. Die Sonne sahen wir kein einziges Mal, das war uns während der letzten Wochen noch nie passiert. Die 50 Kilometer bis Biloela waren durch Soja- und Maisplantagen, durch Rinder- und Pferdezucht oder auch durch Getreideäcker geprägt – wie schon die Strecken vorher. Wir hielten kaum noch an, um Fotos zu machen. Das einzige, was uns jetzt noch reizte, waren die hohen Berge der Great Dividing Range am Horizont, denen wir immer näher kamen. Wir freuten uns auf diese Gegend, wussten wir doch, dass dort noch weitgehend natürliche und vom Menschen unberührte Wälder existierten. Dahinter wartete bereits das Meer auf uns!

Bevor es die Berge hinauf ging, stärkten wir uns in einer ausgezeichneten Bäckerei in Biloela. In der Auslage gab es Butterhörnchen, süße Schokoladenbrötchen, Fruchtschnitten und Nussgebäck. Dazu wurden verschiedene frische, gekühlte Fruchtsaftgetränke angeboten. Die Verkäuferin machte schon irgendwie den Eindruck, als hätte sie Mitleid mit uns. Oder war das Schadenfreude in ihrem Gesicht? Wir hätten ihr auf ihre Frage, woher wir kämen und wohin wir fahren würden, wohl nicht die Wahrheit sagen dürfen. Radfahrer aus Adelaide, noch dazu über den Birdsville Track kommend, hatte sie bestimmt noch nie in ihrem Laden zu bewirten. So verwahrlost, wie wir aussahen, konnte sie das auch gut glauben.

Bald hinter dem Ort ging es gewaltig steil die Berge hoch. Wir kamen gerade noch mit den ersten Gängen nach oben, ohne umzufallen. So etwas können die schweren Trucks nicht mehr fahren, das war unser Glück. Alle LKWs mussten auf einer anderen Strecke zur Küste fahren. Eine Hügelkette nach der nächsten tauchte auf und die Straße führte stets gerade hoch, ohne eine Kurve oder gar Serpentinen. *Wer hat hier wohl die Straßentrasse festgelegt?*

Die Arbeit gegen die Schwerkraft kostete uns viel Energie und mehrere Liter Getränke. Alles klebte an der Haut, der Schweiß, das Salz und der Staub. Aber wir wurden durch die beeindruckende Berglandschaft und die üppige Natur mehr als entschädigt. Überhaupt waren wir voll guter Laune und Tatendrang, da wir am Nachmittag das Schild „100 Kilometer bis Gladstone" passiert hatten. Je höher wir im Gebirge vorankamen, desto interessanter wurde auch die Vegetation: große Gruppen alter und schön gewachsener Grasbäume, urzeitliche *Cyca* und *Zamiacyca* mit ihren palmenartigen Blättern und den an Zapfen erinnernden Samenständen. Diese Pflanzen sind die Vorfahren der heutigen

Nadelbäume und haben sich in ihrer jetzigen Form schon seit vielen Millionen Jahren erhalten.

Palmfarne (Cycas) sind die urzeitlichen Vorgänger der Nadelbäume.

Auch hier entdeckten wir bei kurzen Wanderungen in den Wald goldfarbene, metallisch schimmernde Spinnennetze mit Durchmessern von bis zu 1,50 Metern. Mit einem kleinen Stöckchen versuchten wir die im Zentrum des Netzes sitzende Spinne zu ärgern und stellten fest, dass das Netz extrem strapazierfähig war. Wahrscheinlich konnte diese Spinne damit sogar kleine Vögel fangen.

Die Früchte der Palmfarne (hier Cycas) erinnern an Zapfen.

Wir entdeckten große Spinnen mit goldglänzenden Netzen in den Cycas.

Badeverbot im Pazifischen Ozean

Unsere letzte Nacht in der Wildnis verbrachten wir wieder auf einem Pass in 450 Metern Höhe, kurz vor einer langen Abfahrt nach Osten. Nachts zog sich der Himmel mit dicken grauen Regenwolken zu, aber es blieb trocken. Den letzten Regen hatten wir tatsächlich vor zwei Wochen in der Wüste.

Am frühen Morgen war es wieder einmal wolkenlos und wir konnten hinunter in eine große 30 Kilometer breite Ebene blicken, an deren Ende sich noch eine kleine Hügelkette erhob. Der direkte Blick aufs Meer war also noch nicht möglich. Die Abfahrt war mal wieder viel zu kurz und viel zu schnell beendet.

Nach 70 Kilometern erreichten wir Calliope, ein kleines Verwaltungsstädtchen am Coastal Highway von Rockhampton im Norden nach Brisbane im Süden. Unser Ziel Gladstone lag nur noch 15 Kilometer östlich davon an der Küste des Pazifiks. Wir waren immer noch auf etwa 100 Metern Höhe über dem Meer – also ging die Abwärtsraserei weiter, bis wir nach 95 Tageskilometern und damit etwa 3.000 Kilometern seit unserem Start in Adelaide am Strand von Gladstone ankamen.

Das Ortsschild von Gladstone am Pazifik. Wir waren dem Ziel schon sehr nahe!

Die letzten zehn Kilometer waren reines Stadtgebiet – diese urbanen Dimensionen bei einer Bevölkerung von nur 30.000 Einwohnern waren unvorstellbar. Das ist gerade mal die Größe einer kleinen Kreisstadt in Deutschland. Aber hier gab es eine Stadtautobahn, große Erholungsparks, riesige Fabriken und eine großflächige Besiedlung, da niemand in einem Hochhaus wohnen möchte.

Eines war klar, wir hatten nur noch ein großes Ziel: den Sandstrand des Pazifiks. Hier wollten wir ein ausgiebiges Bad nehmen, nicht nur, um den Schweiß und Dreck der letzten Tage abzuwaschen, sondern auch, um die heiße und staubige Wüste mental hinter uns zu lassen. Wir freuten uns schon riesig, als wir die ersten Strandpalmen sahen und auf einem Geh- und Fahrradweg hinunter zur leichten Brandung rollten. Aber die unangenehme Überraschung erwartete uns am Rand des Sandfeldes in Form von vielen roten Warnschildern: *Badeverbot wegen Jellyfish-Alarm.*

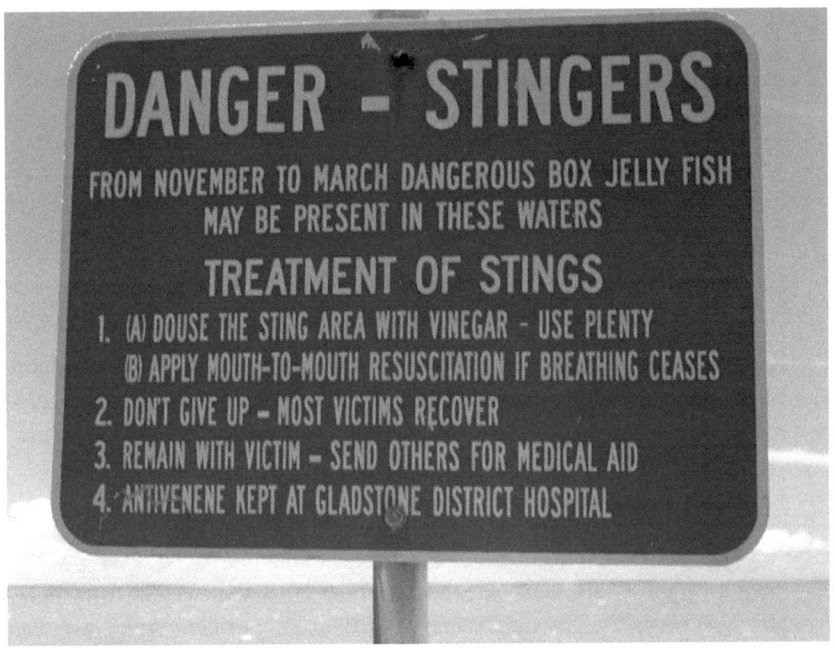

Große Enttäuschung am Strand von Gladstone: Baden war nicht erlaubt, weil gerade giftige Quallen im Meer trieben.

Mit Jellyfish-Alarm sind an der australischen Pazifikküste die Quallenarten *Chironex fleckeri*, eine Art Würfelqualle, und die Portugiesische Galeere (*Physalia physalis*) gemeint. Beide Arten sind sehr gefährlich und für Kinder oft tödlich. So befeuchteten wir nur unsere Hüte und Hände mit dem Salzwasser des Pazifiks. Schade!

Wir hatten uns schon seit langem auf einen Sprung in den Pazifik gefreut, aber daraus wurde leider nichts.

Die Radtour war noch nicht ganz zu Ende. Unsere Ziellinie war die Toreinfahrt von Maria und Dieter, die seit vielen Jahren hier wohnten und die uns eingeladen hatten. So verbrachten wir die letzten drei Tage bis zur Abreise nach Brisbane mit Wäschewaschen, viel Essen, Trinken und Entspannen.

Zusammen mit Maria fuhren wir in ihrem Pkw nach Süden. Die Millionenmetropole Brisbane, Hauptstadt von Queensland, schauten wir uns einen ganzen Tag lang mit dem Fahrrad an, was noch einmal 50 Kilometer auf den Tacho brachte. Nur bremsten uns dieses mal kein Gepäck und kein Anhänger, das hatten wir alles im Motel gelassen.

Die neue Gewichtsverteilung am Fahrrad bewirkte eine neue Fahrsituation und erforderte einen komplett anderen Lenkreflex. Auf den ersten zehn Kilometern mussten wir erst einmal wieder umlernen.

Dann trennten sich unsere Wege. Maria fuhr mit dem Auto nach Hause zurück, Waltraud flog nach Frankfurt und ich nach Sydney, wo ich für einige Tage meinen Bruder besuchte, bevor auch ich wieder in den deutschen Winter zurück musste.

Eine solche Reise kann man nicht in einem einzelnen Satz charakterisieren. Was aber für unser Fahrradabenteuer durch Australien sicherlich jeden Tag gepasst hat, war jenes Zitat, das schon am zweiten Tag unserer Reise bei der Reisevorbereitung und den anschließenden Diskussionen mit unseren Bekannten in der Nähe des Barossa Valleys entstand: „Unmögliches wird dadurch möglich, dass man es tut!"

Abschiedsfotos am Pazifikstrand: Leider gibt es keine Vergleichsfotos vom Beginn der langen Reise.

Einige Informationen zu unserer Ausrüstung

Die Fahrräder und übrige Reiserad-Ausrüstung

26-Zoll Mountainbikes (Firma Schauff, Rahmen und Ausstattung von der Stange) mit Rohloff-Nabenschaltung, BOB-YAK-Anhänger mit 16 Zoll Laufrad, Gepäckträger hinten aus Chrom-Molybdän, Edelstahl-LowRider vorne, vier bzw. drei Flaschenhalter, ChainDisk als Schutz vor dem großen Kettenblatt, Lenkerendhörnchen, Schläuche und Reifen von Schwalbe (Black Shark), ein Ersatzfaltmantel 26 Zoll, je ein Ersatzschlauch mit 26 Zoll und 16 Zoll, Rohloff Kette S-L-R-99, Tacho von SigmaSport, je eine Luftpumpe, einen Luftdruckprüfer, robuste und breite „Bärentatzen"-Pedale mit Riemen, Ersatz-Schalt- und Bremszüge, Ersatz-Bremssockel, Radwerkzeug, Sortiment an Schrauben, Muttern, Beilegscheiben, Rohrschellen und Ersatzhaken für die Packtaschen.

Pro Fahrrad zwei Packtaschen hinten und zwei vorne (teilweise von Ortlieb, teilweise selbst genäht), je eine Lenkertasche, ein Ortlieb-Packsack für die Schlafsäcke und das Bettlaken, zwei Sigg-Benzinflaschen (á 1,5 Liter), fünf Trinkflaschen, zwei schwarze Packtaschen für die Anhänger, ein kleiner schwarzer Ortlieb-Sack für die Fotoausrüstung beim Wandern, Ortlieb-Nierengurt zum Wandern.

Bekleidung

Pro Person: Polypropylen-Unterwäsche, Baumwoll-Unterwäsche, Badesachen, Trekkinghose von Fjällräven, kurze robuste Hose, zwei T-Shirts, ein Baumwoll-Hemd, Polarfleece-Pulli, Weste, Fleece-Zeltsocken, drei Paar dünne Baumwoll-Socken, lange Wandersocken, Wanderstiefel, Turnschuhe, Fleece-Stirnband, Baumwoll-Halstuch, Radhandschuhe, Radl-Hose, kurzes Trikot, Sturmhaube, Akubra-Hut, Gamaschen, Mücken-Gardinen, GoreTex-Leibchen.

Outdoor- und Camping-Ausrüstung

Zelt von Tatonka (Sherpa Dome) mit Ersatzstangensegmenten und Reparaturset, robuste Zeltunterlage aus Lkw-Folie, kleiner Handbesen fürs Innenzelt,

Nähzeug, Fleece-Schlafsack und Thermarest-Isomatte, selbstgenähter Isomatten-Überzug aus Baumwolle, Isomatten-Reparaturset, kleines Handtuch, zwei Sonnenbrillen, Brustbeutel, Hüfttasche für die wichtigsten Papiere, sieben Wassersäcke von Ortlieb, Rolle Paket-Klebeband für den Flugtransport, Schuhputzsachen und Fett, kleine Kopfkissenüberzüge,

Je einen Kompass und eine Uhr, Luft-Thermometer, robustes Festklingen-Messer, Opinel-Klappsäge, Leatherman, persönliches Besteck, Gemüseschäler, Fettpinsel, Quirl, Holzlöffel, MSR-Benzin-Kocher, Ersatzteile und Ersatzpumpe, drei Töpfe und Topfgriff, selbstgebaute Kochkiste, Grillaufsatz, Brotbackaufsatz, Reinigungsbürste, Drahtschwamm, zwei Geschirrhandtücher (Baumwolle), Spülmittel, Ortlieb-Faltschüssel zum Waschen, Abwaschen und Brot backen, ein Fernglas, Stirnlampe mit Ersatzbirne und Ersatzbatterien, mehrere lange Spanngurte, eine kleine Rolle Textil-Klebeband, wasserdicht verpackte Streichhölzer, eine Makro-Lupe für Steine, Insekten und Blüten, Sezierbesteck, Tüten für Pflanzenproben, PE-Flasche für Spiritus, Speiseöl etc., Ziploc-Tüten, Pfeffer-Spray.

Papiere

Pass mit Visum plus Farbkopien davon, Impfpass, Flugtickets, Bargeld, Scheck-Karten, Adressenliste, Passfotos, Landkarten, Tagebuch und Stifte, einen wasserfesten Stift, Aquarell-Malkasten und Aquarell-Papier, Magnet-Backgammon, Australien-Reiseführer, Pflanzenbestimmungsbuch, Vogelbestimmungsbuch, Lesestoff für die Ruhestunden und die Flüge.

Foto- und Tonausrüstung

Zwei Minolta X-700 und ein Minolta XD-7 Gehäuse, ausreichend viele Knopfbatterien, Objektive: 24mm, 50mm, 35m–200mm-Zoom, 400 mm, Pol- und UV-Filter für alle Objektive, Telekonverter, Umkehrring fürs 50-mm-Objektiv, Blitzlichtgerät mit Ersatz-Batterien (10 AA), leichtes Stativ, genügend Fleece-Tücher zum Einwickeln aller Objektive und Kameras, 50 Diafilme, Sony-Tonaufnahmegerät mit Mikrofon und Ersatzbatterien, Aufnahmekassetten.

Proviant

Milchpulver (5 kg), Trockenäpfel (2 kg), getrocknete Obstmischung (4 kg), Trockengemüse (4 kg), fette Brühe (sieben 10er-Packungen), sechs PE-Gewürzbehälter (Kräuter, Pfeffer, Curry, Paprika, Zimt), Trockenhefe (20 Tüten), Trockeneipulver (500 g), 120 Energieriegel (Aprikose und Lemon, UltraSport), Refresher (2 kg) und Buffer (3 kg) von UltraSport, Müsli (200 g/d/P), Studentenfutter oder Nüsse (30 g/d/P), 20 Tüten Puddingpulver, Nudeln, Reis, Hirse, Kartoffelbreipulver, Salz, Mehl, Zucker, Sonnenblumenöl, Kerzen.

Apotheke

- Leichtes Breitband Antibiotikum, gg. Zecken: DOXY-Wolff N100

- Penicillin (zwar Resistenzen, aber gut gg. Brucellosis): TETRACYC-LIN Wolff 250

- Schwaches Penicillin (Hals, Mandeln, Wundrose, Blutvergiftung): MEGACILLIN

- Mittleres Penicillin (eitrige Bronchitis, Blasenentzündung, Niere): AMOXYPEN

- Starkes Penicillin (gegen vieles): GLOBOCEF

- Einfaches und billiges Antibiotikum (Salmonellen, Typhus): COTRIM

- Gegen schwere Infekte an Atemwegen und Lunge: RULID

- Gegen Cholera, Brucellosis, u. v. a.: SUPRACYCLIN

- Gegen Entzündung aller Art: TRAUMANASE FORTE

- Gegen innere Entzündungen (Bauch, Weichteile, Haut), verschleppte Keime: TARIVID 200

- Starkes Schmerzmittel (1-2 x tgl. je 1; was dazu essen): RANTUDIL RETARD

- Starkes Schmerzmittel: TRAMADOLOR [kombinierbar zu obigem]

- Gegen Schmerzen aller Art und entzündungshemmend: IBUHEXAL 600

- Gegen allergische Schockreaktionen (davor nehmen): TERFENADIN 60

- Gegen Durchfall: LOPEDIUM und ENTERO-VIOFORM

- Zur Desinfektion:

    o BETAISODONA (Salbe/flüssig)

    o Ethanol absolut p.a. (flüssig)

    o KODAN-TINKTUR (flüssig)

- Augentropfen gegen Bindehautentzündung,: YXIN (flüssig)

- Augensalbe: NEBACETIN (Salbe)

- Gegen Erkältung: GRIPPOSTAD

- Halstabletten: DOLO DOBENDAN, FISHERMAN'S FRIEND, DO-RETONSIN

- Gegen Mückenstiche und Sonnenbrand: SOVENTOL HYDROCOR-TISON (Salbe)

- Sonnenschutz: vier Flaschen Sonnenmilch SCHUTZFAKTOR 50+ (in Australien gekauft)

- Wund- und Heilsalbe: BEPANTHEN-ROCHE (Salbe, hitzeempfind-lich)

- Gegen Muskel- und Gelenkschmerzen: FINALGON (Salbe)

- Gegen Muskelverspannungen und zum Aufheizen: THERMO-RHEUMON (Salbe)

- Zur Massagebehandlung bei Muskelverspannungen und Rückenprob-lemen: MUSKEL TRANCOPAL

-   Wasserdesinfektion: MICROPUR 1000 (flüssig)

Verbandssachen

Zwei sterile Verbandspäckchen, Baumwoll-Binden (120er und 80er), Verbandsmull 80er, Pflaster zum Abschneiden, Brandwundenverband, Blasenpflaster, Digital-Körperthermometer, Klammerpflaster (s & b), zwei 5-ml-Einwegspritzen (steril) und Nadeln (0,90 x 38 mm), Kanüle zur Blutentnahme, Nähnadel für große Wunden mit Faden, Schlangengift-Absaugpumpe.

Waschsachen

Zahnbürste, Zahncreme, Seife, Kamm, Wattestäbchen, Nagelschere, Rasierzeug, Waschlappen.

Die Autoren

Dr. Andreas von Heßberg, Jahrgang 1963, studierte Physik und Geoökologie an der Universität Bayreuth und spezialisierte sich in den Bereichen Landschaftsökologie, Naturschutz und Vegetationskunde. Er promovierte über Vegetationsdynamik an Flussufern. Momentan arbeitet er freiberuflich (Gutachten, Exkursionen, Reiseleiter auf Kamtschatka, in Tibet und Xinjiang), als Vortragsreferent und als Reisejournalist (u.a. im Trescher Verlag ›Kamtschatka‹, ›Tibet‹, ›Chinesische Seidenstraße‹).

Dr. Waltraud Schulze, Jahrgang 1973, studierte Biologie in Bayreuth, Regensburg, Stanford und Tübingen und spezialisierte sich im Bereich Pflanzenphysiologie. Sie promovierte zum Thema Zuckertransport in Pflanzenzellen. Momentan arbeitet sie als Professorin für Systembiologie der Pflanzen an der Universität Stuttgart-Hohenheim und forschte zuvor am Max-Planck-Institut für Molekulare Pflanzenphysiologie in Potsdam.

Gemeinsam erkundeten sie per Mountainbike oder mit dem Trekking-Rucksack die Gebirge und Wüsten in Patagonien, Australien, Namibia und Botswana, Nord- und Ostafrika, der Mongolei und Wüste Gobi, Kamtschatka, den Baikalsee im Winter, in Tibet und in einigen weiteren Gebieten. Sie sind auch Spezialisten für die Herstellung von Spezialproviant für Outdoor-Aktivitäten und Expeditionen.

Ihre Internetseite: www.mountainbike-expedition-team.de

Bisherige Veröffentlichungen

Bücher und DVDs sind bequem über die Internetseite der Autoren zu bestellen.

Bücher:

Kamtschatka – zu den Vulkanen und Bären im Nordosten Sibiriens, Trescher Verlag Berlin, 2012, 2. Auflage, 350 Seiten, ISBN 3897940841. Der weltweit einzige Reiseführer zur Halbinsel Kamtschatka.

Mountain & Bike – Expedition ins unbekannte Tibet, bod-Verlag, Nordstedt, 2009, 193 Seiten, ISBN 9783837073928. Reisereportage über eine der wohl extremsten Radtouren der letzten Jahre. Es geht ins verbotene tibetische Hochland zum Mountainbiking und Bergsteigen.

Tibet – Reisen auf dem Dach der Welt, Trescher Verlag Berlin, 2014, 4.Auflage, 362 Seiten, ISBN 3897941519. Der aktuellste und umfassendste Reiseführer zu Tibet im deutschsprachigen Raum.

Schwarzes Eis – Mit Mountainbikes auf dem Baikalsee, bod-Verlag, Nordstedt, 2009, 211 Seiten, ISBN 9783842383364. Die Expeditions-Reportage über eine Komplettbefahrung des zugefrorenen Baikalsees im Winter von Nord nach Süd.

Kawa Karpo – heiliger Schneeberg in Ost-Tibet, Detjen-Verlag, Hamburg, 2014 (in Druck), 120 Seiten, ISBN 9783937597393. Der weltweit einzige Trekkingführer zu einer einzigartigen und fantastischen Landschaft in Südost-Tibet.

Chinesische Seidenstraße – Reisen im Westen Chinas, Trescher Verlag Berlin, 2014 (in Druck), ca. 280 Seiten. Der weltweit einzige Reiseführer zur chinesischen Provinz Xinjiang und zum chinesischen Abschnitt der Seidenstraße.

DVDs:

„Durch die Wüste", drei digitale Diashows über die Wüsten-Radtouren in der Mongolei, in Namibia und durch Australien.

„Kamtschatka", drei digitale Diashows über Landeskunde inklusive das Reisen auf Kamtschatka, sowie einer Radtour und einer Trekkingtour durch die dortige Wildnis.

„Wüstensand und Schneesturm – Radabenteuer in Marokko", Multimediashow (Foto, Film, Musik und Sprache), 100 Minuten.

„Abenteuer in Tibet – mit Mountainbikes quer über das Dach der Welt", Multimediashow, 100 Minuten.

„Mountain and Bike – Expedition ins unbekannte Tibet", Multimediashow, 100 Minuten.

„Kawa Karpo – Heiliger Berg in Ost-Tibet", Multimediashow, 100 Minuten.

„Schwarzes Eis – mit Mountainbikes auf dem Baikalsee" Multimediashow, 100 Minuten.

Bildnachweis

Alle Bilder innerhalb dieses Buches stammen von:

• Andreas von Heßberg und Waltraud Schulze

• OpenStreetMap und Mitwirkende, CC BY-SA

www.openstreetmap.org

Lesetipps

Lust auf mehr Reiseabenteuer? Hier finden Sie weiteren spannenden Lesestoff aus unserem GRIN & Travel Programm:

Mein Jahr Neuseeland

von Carolin Werner

Jetzt kaufen auf travel.grin.com.

Carolin Werner hat sich einen persönlichen Traum erfüllt und war ein Jahr als Backpacker in Neuseeland unterwegs. In diesem Buch erzählt sie ihre Geschichte und berichtet von neuen Freunden, harter Arbeit, einem verheerenden Erdbeben, geworfenen Gummistiefeln und Herr-der-Ringe-Touren auf beiden Inseln Neuseelands. Dazu liefert die Autorin jede Menge praktische Tipps, die auch gleich mit aktiven Links ins Internet versehen und somit direkt aus dem E-Book heraus aufrufbar sind. So können Sie Ihre Reise mit stets aktuellen Informationen z. B. zu Öffnungszeiten und Eintrittspreisen perfekt vorbereiten.

ISBN: 978-3-656-31580-3

Einmal quer durch Kanada

von Alexander & Cindy Fischer

Jetzt kaufen auf <u>travel.grin.com</u>.

Berge, Seen, Wasserfälle und wilde Bären in Nationalparks einerseits und Großstadtflair in Vancouver, Toronto, Montreal und Ottawa andererseits - so malten sich Alexander und Cindy Fischer ihren 4-wöchigen Mietwagen- und Wanderurlaub in Kanada aus. In diesem Buch schildern sie ihre ganz persönlichen Eindrücke von den großen Nationalparks Jasper, Yoho, Mount Revelstoke und Banff und erzählen von ihrer Suche nach wilden Tieren, von schwierigen Wanderwegen, tosenden Wasserfällen und den fantastischen Berglandschaften, die Kanadas Natur so einzigartig machen. Auch in den Städten entdeckten die Autoren Ungewöhnliches und Interessantes: Eine dampfende Uhr in Vancouver, ein komplett überdachtes Straßensystem in Calgary, ein mittelalterlich anmutendes Schloss in Quebec, den rot-gold-leuchtenden Indian Summer in Ottawa und einen riesigen Turm in Toronto. Und natürlich darf auch ein Abstecher zu den berühmten Niagara-Fällen und ins nahe gelegene New York in den USA nicht fehlen. Sie erfahren in diesem Buch, was Sie bei einem Kanada-Besuch auf keinen Fall versäumen dürfen, aber auch, worauf Sie getrost verzichten sollten. Dazu liefern die Autoren jede Menge praktische Tipps, die auch gleich mit aktiven Links ins Internet versehen und somit direkt aus dem E-Book heraus aufrufbar sind. So können Sie Ihre Reise mit stets aktuellen Informationen z. B. zu Öffnungszeiten und Eintrittspreisen perfekt vorbereiten. ISBN: 978-3-656-36292-0

Südostasien – Der Weltreise dritter Teil

von Fabian Pitzer

Jetzt kaufen auf <u>travel.grin.com</u>.

Der Foto-Blogger Fabian Pitzer und seine Kamera waren auf Weltreise. Sein drittes großes Ziel war Südostasien. In diesem Buch schildert er seine ganz persönlichen Eindrücke aus Thailand, Laos, China, Taiwan, Vietnam, Kambodscha und Myanmar und zeigt mit seinen kraftvollen Bildern bekannte und unbekannte Orte dieser Länder. Dabei stehen weniger die üblichen Sehenswürdigkeiten im Vordergrund, sondern vielmehr unberührte Stätten jenseits der klassischen Touristenpfade. Mit ausdrucksstarken Porträts zeigt Fabian Pitzer ganz authentisch die Menschen, ihre Kultur und ihre Art zu leben – und bezieht an der ein oder anderen Stelle sehr deutlich Position, wie es ihm als Mitteleuropäer in Südostasien erging. Pitzers weitere Reiseziele waren Arabien und Indien, die er in eigenen Bänden bei GRIN & Travel beschrieben hat.

ISBN: 978-3-656-31579-7